MIX
Papier aus verantwortungsvollen Quellen
Paper from responsible sources
FSC® C105338

Haftungsausschluss:

Die Ratschläge im Buch sind sorgfältig erwogen und geprüft. Alle Angaben in diesem Buch erfolgen ohne jegliche Gewährleistung oder Garantie seitens des Autors und des Verlags. Die Umsetzung erfolgt ausdrücklich auf eigenes Risiko. Eine Haftung des Autors bzw. des Verlags und seiner Beauftragten für Personen-, Sach- und Vermögensschäden oder sonstige Schäden, die durch die Nutzung oder Nichtnutzung der Informationen bzw. durch die Nutzung fehlerhafter und/oder unvollständiger Informationen verursacht wurden, ist ausgeschlossen. Verlag und Autor übernehmen keine Haftung für die Aktualität, Richtigkeit und Vollständigkeit der Inhalte und ebenso nicht für Druckfehler. Es kann keine juristische Verantwortung und keine Haftung in irgendeiner Form für fehlerhafte Angaben und daraus entstehende Folgen vom Verlag bzw. Autor übernommen werden.

Sollte diese Publikation Links auf Webseiten Dritter enthalten, so übernehmen wir für deren Inhalte keine Haftung, da wir uns diese nicht zu eigen machen, sondern lediglich auf deren Stand zum Zeitpunkt der Erstveröffentlichung verweisen.

Bibliografische Informationen der Deutschen Nationalbibliothek

Die Deutsche Nationalbibliothek verzeichnet diese Publikation in der Deutschen Nationalbibliografie; detaillierte bibliografische Daten sind im Internet über http://dnb.dnb.de abrufbar.

1. Auflage 2024
© 2024 by Remote Verlag, ein Imprint der Remote Life LLC,
3833 Powerline Rd., Suite 301-C, 33309 Fort Lauderdale, Fl., USA

Alle Rechte vorbehalten. Vervielfältigung, auch auszugsweise, nur mit schriftlicher Genehmigung des Verlages.

Projektmanagement: Melanie Krauß
Lektorat und Korrektorat: Katrin Gönnewig, Markus Czeslik, Luise Hartung
Umschlaggestaltung: Verena Klöpper
Satz und Layout: Verena Klöpper
Illustrationen und Grafiken: Verena Klöpper

ISBN Print: 978-1-960004-75-8
ISBN E-Book: 978-1-960004-76-5

www.remote-verlag.de

MARCO MATTES

ERFOLG DURCH INTUITION

Wie Unternehmer und Investoren mit Selbstvertrauen und dem richtigen Mindset den Markt beherrschen

www.remote-verlag.de

INHALT

Teil 1: Die Deals deines Lebens _____ 8

   1. Das ganze Leben ist ein Deal
   2. Bewusst oder unbewusst: Du führst ständig Verhandlungen
   3. Trial-and-Error: Komplett durchdenken funktioniert nie
   4. Ein Deal, nur um Geld zu verdienen, ist kein guter Deal
   5. Die besten Deals sind unkonventionell
   6. Es gewinnen die mit einer Strategie – mein Weg zum Profipoker
   7. Kenne deine Position
   8. Profitabel heißt nicht zwingend skalierbar
   9. Einen kühlen Kopf bewahren
   10. Mein holpriger Einstieg in Immobiliendeals
   11. Buy-in: Nur der aktive Spieler kann gewinnen

Teil 2: Die Motivation des guten Deals _____ 42

   12. Ein erfüllendes Leben ist ein guter Deal
   13. Warum machst du Deals?
   14. Die Bereitschaft, ein Amateur zu sein
   15. Der Reiz des lukrativen Deals
   16. Das Leben ist ein großer Pokertisch
   17. Gut schlafen und gut aufwachen können
   18. Jeden besser hinterlassen, als du ihn vorgefunden hast
   19. Die Liebe für die Sache
   20. Wissen, woran man Spaß hat
   21. Warum Intuition der entscheidende Faktor ist
   22. Double-up

Teil 3: Die Intuition des guten Deals —————————— 76

23. Intuition: ein Gefühl für die Situation
24. Die drei Ebenen des Seins
25. Die Intuition zulassen
26. Was ist Signal und was ist Noise?
27. Intuition, Aufregung oder Angst?
28. Auf die Intuition vertrauen
29. Chancen nutzen
30. Die Intuition trainieren
31. Aus Intuition einen guten Deal erkennen
32. Aus Intuition eine Vision entwickeln
33. Jeder kann auf das Fundament seiner Intuition bauen
34. Intuition mit Logik kombinieren
35. Wenn es sich nicht gut anfühlt, wird es zum Desaster
36. Wie höre ich auf meine Intuition?
37. Upswing

Teil 4: Die Energie des guten Deals —————————— 128

38. Du musst es spüren
39. Wenn du die positive Energie nicht spürst, ist es nicht richtig
40. Wenn du es dir nicht vorstellen kannst, ist es nicht richtig
41. Ohne Leidenschaft keine Energie
42. Was löst es in dir aus?
43. Ein Gefühl für das Gegenüber gewinnen
44. Die Energie fließen lassen
45. Was tun, wenn dicke Luft im Raum ist?
46. Frei reden
47. Es hat einen Grund, wenn der Deal nicht klappt
48. Wenn es dir um nichts geht, bekommst du alles
49. Mit offenen Karten spielen

Teil 5: Das Mindset des guten Deals — 162

50. Ein guter Deal ist langfristig gedacht
51. Ein guter Deal ist Win-win
52. Der beste Kämpfer vermeidet den Kampf
53. Man kann nur gewinnen, wenn man bereit ist zu verlieren
54. Dein wichtigstes Werkzeug ist deine Authentizität
55. Keinen Deal nur für das Geld!
56. Jeder Deal hat Folgen
57. Deals radikal aussortieren
58. Was ist Risiko?
59. Risiko richtig einschätzen
60. Mit einer kreativen Denkweise zum guten Deal
61. Die Downside minimieren
62. Die Upside maximieren
63. Never take no for an answer
64. Chipleader

Teil 6: Die Strategie des guten Deals — 212

65. Pick your Battle
66. Punkte abgeben beim Deal
67. 80 Prozent sind manchmal 800 Prozent
68. Was ist dem Gegenüber wichtig und warum?
69. Eine gemeinsame Lösung finden
70. Bankroll Management

Teil 7: Das Extrem des guten Deals — 234

71. Die Welt ändert sich ständig
72. Alles, was du weißt, basiert auf Erfahrungen aus der Vergangenheit
73. Alles hinterfragen
74. Unkonventionell handeln
75. Kontext schaffen und Dinge neu denken
76. Meinungen: die Lücke zwischen deinen Erfahrungen und der Realität
77. Straight Flush

Teil 8: Die Philosophie des guten Deals   256
     78. Der Ball muss ins Rollen kommen
     79. Einmal einen krassen Deal machen ist ein schlechter Deal
     80. Die Macht einer Peergroup
     81. Jeder kleine Deal ist Teil eines größeren Deals
     82. Was spricht gegen den Deal? – Der größere Deal
     83. Der größte Deal kommt nie
     84. Nichts für gegeben nehmen
     85. Dein inneres Kind: die Ebenen des intuitiven Antriebs
     86. Final Table

Nachwort: Intuition schlägt KI   286

Über den Autor   291

Quellenverzeichnis   294

TEIL 1

DIE DEALS DEINES LEBENS

1. DAS GANZE LEBEN IST EIN DEAL

Wie viele Entscheidungen hast du heute schon getroffen?

Bist du direkt aus dem Bett gesprungen, als der Wecker geklingelt hat, oder noch ein bisschen liegen geblieben? Hast du dann Zähne geputzt oder warst du vorher auf der Toilette? Was hast du angezogen? Welche Farbkombination? Was gefrühstückt? Gleich die E-Mails gecheckt oder das Handy noch im Flugmodus gelassen, um produktiv arbeiten zu können? Eine Menge Entscheidungen und der Tag hat noch nicht einmal richtig begonnen.
Egal wie viele Entscheidungen du heute schon getroffen hast, es waren sicher mehr, als du denkst.

Die Anzahl der Entscheidungen, die wir täglich treffen, kann je nach Lebensstil, Beruf, Alter und vielen anderen Faktoren erheblich variieren. Einige Schätzungen gehen davon aus, dass Erwachsene etwa 20.000 Entscheidungen pro Tag treffen.[1] Diese Zahl reicht von größeren Entscheidungen wie der Wahl eines Jobs oder des Lebenspartners bis hin zu kleineren Entscheidungen wie der Auswahl des Heißgetränks im Café, ob wir bar oder mit Karte bezahlen oder was wir im Supermarkt in den Einkaufswagen legen.

Jede Entscheidung ist eine Frage des Abwägens des Für und Wider, denn jede Handlung birgt Folgen, egal ob du dir derer bewusst bist oder nicht. Für jede Entscheidung, die wir treffen, gibt es Millionen anderer Optionen, gegen die wir uns im selben Moment entscheiden. Folgst du einem bestimmten Weg, folgst du einem anderen Weg in eine andere Richtung nicht. Jede Entscheidung hat massive Opportunitätskosten.

Stell dir vor, du machst ein Fenster auf. Was sind die Folgen? Frische Luft strömt herein und alte Luft entweicht. Simpel. Vielleicht ist es gerade warm und das Fenster zu öffnen, scheint eine gute Idee zu sein. Was aber, wenn sich dein Partner neben dir bereits jetzt die Sofadecke bis unters Kinn zieht? Wäre es dann eine ebenso gute Idee, das Fenster zu öffnen?

Opportunitätskosten können verschwindend gering oder lebensentscheidend sein, aber sie sind immer vorhanden. Das macht jede Handlung zu einem Deal, einem Austausch – Yin und Yang, Aktion und Reaktion. Jeder dieser Deals kann dein Leben verändern – zum Guten oder zum Schlechten. Noch schnell über die gelbe Ampel? Eine solche Entscheidung hat schon viele Menschen das Leben gekostet. 30 Sekunden investieren, um die attraktive Person im Café nach der Nummer zu fragen? Vielleicht hast du gerade deinen Lebenspartner kennengelernt.

Ich verwende bewusst das Wort »Deal«, weil Entscheidungen Vereinbarungen mit dir selbst und deinem Umfeld sind, eine Art Abmachung.

Für welche Möglichkeiten du dich im Leben entscheidest, hängt immer von den Folgen ab. Nehmen wir an, du führst einen Call über *Zoom*. Würde der Strompreis nicht 20 Cent pro Kilowattstunde betragen, sondern 100.000 Euro, wäre es günstiger, sich nicht über das Internet, sondern persönlich zu treffen, selbst mit den damit verbundenen Reisekosten. Zeitsparender wäre allerdings immer noch die erste Alternative. Die Wahl liegt bei dir. Welcher Deal ist besser? 100.000 Euro für Strom sparen oder die Reisezeit?

Du weißt unterbewusst, dass die Stromkosten gering sind, deshalb denkst du nicht lange darüber nach, den Call via Zoom zu starten. Doch selbst dieser Akt – den Rechner anzuschalten und das virtuelle Meeting anzutreten anstatt die reale Reise – ist ein Deal. Du machst dir aufgrund der geringen Kosten über die Auswirkungen nur keine Gedanken.

Oft treffen wir Entscheidungen, ohne über ihre Folgen nachzudenken, weil wir ähnliche Situationen bereits so oft erlebt haben. Der morgendliche Kaffee, die Strecke zur Arbeit, abends noch fernsehen – alles Automatismen, die durchzukalkulieren unnötige Denkleistung beanspruchen würde. Erst wenn sich Parameter drastisch ändern, beginnen wir nachzudenken – eine Baustelle auf dem Weg zur Arbeit zum Beispiel, die eine andere Strecke schneller macht.

Es kommt auch vor, dass wir die Folgen einer Handlung falsch einschätzen, zum Beispiel, weil wir dem Druck anderer nachgeben. Einen meiner ersten bewussten Deals ging ich mit sechs Jahren ein, als ich mir ein Paar Adidas Predator Fußballschuhe kaufte – das Vorjahresmodell –, weil ich den Preis des neuen Modells nicht nachvollziehen konnte. Warum sollte das neue Modell plötzlich das Doppelte kosten, obwohl sich bei Fußballschuhen in einem Jahr technisch nicht viel verbessert hatte? Das geänderte Design war mir die Folge des höheren Preises nicht wert. Ich hätte den Effekt, den es hat, als Junge veraltete Schuhe zu tragen, aber auch höher bewerten können, dann wäre meine Entscheidung vielleicht anders ausgefallen. Folgen sind subjektiv und richten sich nach deinen Prioritäten.

Mit 13 Jahren begann ich Zeitungen auszutragen, um Geld zu verdienen, aber ich stellte schnell fest, dass das kein guter Deal war. Ich rechnete aus, dass ich für einen Kinobesuch von 90 Minuten zwei Nachmittage lang Zeitungen austragen, also acht Stunden lang arbeiten musste. Ein Desaster! Ich machte mich auf die Suche nach besseren Deals, die mir mehr einbrachten für weniger Aufwand.

Manchmal sind die Deals unseres Lebens finanzieller Natur, manchmal betreffen sie Zeit, Energie oder andere Ressourcen. Worum es auch geht: Wenn du die besten Deals machen willst, musst du lernen, die Folgen deiner Entscheidungen zu verstehen und abzuwägen.

Lass mich dir die Welt der Deals näherbringen und zeigen, wie du die besten Deals für dich aushandelst – gegenüber dir selbst und anderen. Denn in jedem Bereich deines Lebens, ob in Beziehungen, bei der Arbeit, in deinem geistigen und körperlichen Wohlbefinden oder in deinen Finanzen, gibt es immer Möglichkeiten für gute Deals. Es liegt an dir, diese zu erkennen und zu nutzen.

2. BEWUSST ODER UN-BEWUSST: DU FÜHRST STÄNDIG VERHANDLUNGEN

Auf meiner Suche nach lukrativeren Einnahmequellen, als Zeitungen auszutragen, stieß ich auf das Internet, dessen Nutzung sich um den Jahrtausendwechsel gerade erst massentauglich verbreitete. Ich las alles, was ich darüber finden konnte, und begann, Websites zu erstellen. Zwar konnte ich nicht gut programmieren, aber ich erkannte eine Gelegenheit in einem aufkommenden Markt.

Ich fing an, meine Zeit gegen mehr und mehr Geld zu tauschen. Eines Tages bekam ich die Chance, die Website für ein größeres Unternehmen zu erstellen, musste aber den Preis für meine Arbeit noch mit deren Geschäftsführung aushandeln – eine der wichtigsten Lektionen meines Lebens. Ich dachte an die 3,50 D-Mark, die ich pro Stunde für das Austragen von Zeitungen bekommen hatte, und plante nun die grandiose Summe von 3.500 Euro für meine Arbeit an der Erstellung der Unternehmenswebsite. Aus Unsicherheit traute ich mich aber nicht, diese Summe auch zu nennen, auf die Gefahr hin, dass sie viel zu hoch angesetzt war. Schließlich wäre ich auch mit 2.000 Euro zufrieden gewesen. Also fragte ich den Boss, wie viel die Agentur bereit sei zu zahlen. Er sagte, dass er nicht verhandeln wolle und dass ich den Auftrag für 20.000 Euro bekommen könne, mehr aber auch nicht. Mir blieb vor Schock beinahe die Spucke weg. »Okay«, brachte ich hervor. »Können wir so machen.«

Es gibt Momente im Leben, die uns unerwartete Lektionen erteilen. Meine Lektion war, dass wir nie wissen, was in unserem Gegenüber vorgeht. Unsere Welt und unsere Ansichten stimmen nie komplett mit der Welt und den Ansichten der anderen überein. Anstatt durch eine arbiträre Summe den Endpunkt der Konversation zu setzen, ließ ich die Verhandlung durch meine Frage offen weiterlaufen – zu meinem Vorteil.

Nun sind manche Verhandlungen klar als Verhandlung erkennbar. Du verhandelst wahrscheinlich auch bei einem Geschäftsabschluss, beim Kauf eines neuen Autos, einer Immobilie oder wenn du einen neuen Kunden für dein Business gewinnen willst. Die zahlreichen Verhandlungen des Lebens gehen aber deutlich weiter. Was, wenn ich dir sage, du führst ständig Verhandlungen?

Jeder von uns verhandelt nonstop, auch wenn du dir dessen nicht bewusst bist. Das fängt bereits morgens an, wenn der Wecker klingelt und du mit dir selbst verhandelst, ob du aufstehst oder nicht doch die Snooze-Taste drückst. Einmal aufgestanden, stellt sich die Frage, was du anziehen sollst. Vielleicht willst du dem Kleiderkodex der Firma entsprechen, aber es sind 32 Grad im Schatten. Dann ist es eine Verhandlung, wie man Wetter und Wohlbefinden miteinander vereint.

Eine Verhandlung ist der Versuch, zwei scheinbar widersprüchliche Seiten miteinander in Einklang zu bringen oder einen Ausgleich zu finden. Das kann in dir selbst stattfinden oder zwischen dir und deiner Umwelt. Am Ende bedenkst du die Folgen deines Handelns und kommst zu einer Lösung, die für beide Seiten von Vorteil ist.

Du verhandelst mit deinem Partner darüber, wer wann die Kinder abholt oder wie oft du mit deinen Eltern pro Monat essen gehst. Du verhandelst mit dir selbst, wie oft du dir Schokolade gönnst oder wie lange du durch den Park joggst.

Die Deals in deinem Leben sind Verhandlungen, denn ihre Folgen sind nie schwarz-weiß. Wenn du dir heute zum Abendessen eine Kugel Eis gönnst, dann sind die 100 Extrakalorien für deine Figur irrelevant. Wenn du aber über die nächsten zehn Jahre hinweg jeden Tag 100 Kalorien zu viel zu dir nimmst, dann wirst du extrem übergewichtig. Ein und dieselbe Handlung birgt unterschiedliche Folgen, je nachdem, in welchem Kontext sie stattfindet oder ob es sich, wie in diesem Beispiel, um eine einmalige Ausnahme oder eine Gewohnheit handelt.

Die unzähligen Auswirkungen machen Verhandlungen so vielschichtig und ihren Ausgang undurchsichtig. Es ist praktisch unmöglich, alle Folgen unseres Handelns in unsere Entscheidungen einzubeziehen.

3. TRIAL-AND-ERROR: KOMPLETT DURCHDENKEN FUNKTIONIERT NIE

Du kannst niemals alle Folgen deines Handelns bedenken. Vielleicht planst du den ersten oder zweiten Schritt, beim dritten und vierten wird es schon schwieriger, der sechste liegt komplett im Dunkeln. Hinzu kommt, dass von jedem Schritt wieder weitere Möglichkeiten abzweigen. Auswirkungen sind nicht linear, sondern ein schieres Netz aus Optionen und Wahrscheinlichkeiten. Wie bei der Wettervorhersage kannst du das Wetter für die nächsten fünf Minuten oder die nächste Stunde sehr sicher vorhersagen. Aber in drei Tagen oder einer Woche wird es schon deutlich ungenauer. Und in einem Jahr? Schlichtweg unmöglich.

Genauso ist es im Leben. Du kannst die besten Pläne schmieden, aber am Ende kommt doch alles anders, als du dachtest. Eine erste Sache, die uns deshalb bei Entscheidungen helfen kann, ist das Prinzip von Trial-and-Error, Versuch und Irrtum.

Auch ich startete mein damaliges Website-Business mit einem Versuch: Noch bevor ich tiefer in die Materie des Website-Buildings einstieg, tat ich mich mit ein paar Kumpels zusammen und wir riefen eine Spaß-Website ins Leben. Das war zu einer Zeit, als es noch kein *YouTube* oder ähnliche

Plattformen gab. Was als willkürliche Sammlung lustiger Clips begann, nahm schnell ungeahnte Ausmaße an.

Ehe wir es uns versahen, erhielt unsere Website einen unglaublichen Zuspruch. Sie war so erfolgreich, dass am Ende des Monats eine Rechnung vom Webhoster von 900 Euro ins Haus flatterte – für mich damals eine enorme Summe. Weder ich noch meine Kumpels konnten derart viel Geld für einen Spaß bezahlen.

Also überlegte ich mir, wie ich aus minus 900 Euro ein Plus machen konnte. Ich ging das Risiko ein und bezahlte die Rechnung mit geliehenem Geld, wohl wissend, dass ich damit die volle Verantwortung für die Website übernahm. Anschließend kontaktierte ich über ICQ, einen Messenger-Dienst, der zu der Zeit sehr beliebt war, den Betreiber einer anderen großen Spaßseite und fragte ihn, wie er seine Website finanziere. Seine Antwort war einfach: Seine Werbeeinnahmen überstiegen bei Weitem seine Serverkosten. Er empfahl mir, mich auf einer Werbeplattform anzumelden und Werbebanner auf meiner Seite einzubinden.

Im Folgemonat betrugen die Serverkosten für meine Seite zwar etwa 1.400 Euro, aber ich generierte Werbeeinnahmen von 3.000 Euro. Ich versuchte etwas, irrte mich zuerst, versuchte es anders und gewann.

Jeder kann von Trial-and-Error profitieren. Was die meisten davon abhält, ist lediglich die Angst vor dem Scheitern. Risiken scheinen zu groß, Hürden unüberwindbar. Sobald du dir aber die Risiken bewusst machst und sie abwägst, wirst du feststellen, dass viele Herausforderungen gar nicht so drastisch sind, wie sie anfangs schienen. Anstatt den kompletten Monat der Kosten des Webhostings im Voraus als Ausgaben zu planen, errechnete ich die Tage, die ich mir leisten konnte, und arrangierte währenddessen einen Werbepartner. So wusste ich genau, welches Risiko auf mich zukommt – nicht noch einmal 900 Euro, sondern eben genauso viele Tage, wie ich finanzieren konnte. Ich wusste, wenn ich es in 14 Tagen nicht schaffen würde, die Website lukrativ aufzusetzen, würde mir das auch in einem Monat nicht gelingen. Ich folgte Trial-and-Error: Du machst etwas, du siehst, was passiert, du reflektierst, was nicht funktionierte, und versuchst es anders erneut.

4. EIN DEAL, NUR UM GELD ZU VERDIENEN, IST KEIN GUTER DEAL

Von da an konzentrierte ich mich vollkommen auf das Geldverdienen durch Websites. Ich kaufte Websites mit hohem Traffic, wandelte sie in Bezahlseiten um und verschacherte digitale Angebote über sie. Mit ausgeklügelten Strategien machte ich ordentlich Profit. Das war alles, was damals zählte. Heute weiß ich allerdings, dass ich das Gewinnstreben in meinem jugendlichen Leichtsinn damals überstrapazierte.

Indem ich viel Geld für wenig Nutzen verlangte, verbrannte ich buchstäblich Seite um Seite. Ich quetschte sie aus wie einen Hedgefonds, bis sie am Ende wertlos waren und keiner mehr für die Angebote bezahlen wollte – also kaufte ich eine neue Seite und wiederholte das Spiel.

Der kurze Erfolg, den ich mit dieser Methode hatte, brachte mir zwar einiges an Kapital ein – besonders für einen Teenager –, aber er hatte auch einen hohen Preis: meinen Ruf. Ich war weder stolz auf das, was ich tat, noch war es etwas, das ich guten Gewissens weitererzählen konnte.

Diese Erfahrung war für mich eine erste Lektion, der ich im Leben immer wieder begegnen sollte: Ein Deal muss für beide Seiten gut sein und Mehrwert für alle Beteiligten generieren, um als erfolgreich zu gelten.

Ein guter Deal ist ein guter Deal für alle Beteiligten.

Nach dieser Erkenntnis änderte ich meine Geschäftsstrategie und versuchte Mehrwert zu stiften, statt nur Profit zu generieren. Ich kaufte eine estländische Radiolizenz und stieg in das Musik-Streaming-Geschäft ein: Die Leute konnten ihren Lieblingssong eingeben und ihr persönliches Radioprogramm erstellen. Zwar bezahlten sie noch immer dafür, aber sie hatten einen eindeutigen Mehrwert davon. Sie konnten nun, statt dem Radioprogramm ausgesetzt zu sein, ihre Wunschmusik hören – lange vor *Spotify* und anderen Streamingdiensten.

Dieser Ansatz funktionierte gut, bis ich mit 16 Jahren mit den juristischen Folgen konfrontiert wurde und ein 30 Seiten langes Anwaltsschreiben auf dem Küchentisch meiner Mutter landete. Musik-Streaming war damals noch eine Grauzone, so lernte ich, dass selbst ein Geschäft mit Mehrwert rechtlich einwandfrei sein muss.

Seitdem versuche ich die Philosophie des Win-win-Deals zu meistern und bin sehr stolz darauf, den Menschen um mich herum Mehrwert zu bieten. Meine Geschäftsentscheidungen zeigten mir zum Glück früh in meinem Leben, dass ein Deal, nur um Geld zu verdienen, kein guter Deal ist und dass diejenigen, die nur Geld verdienen wollen, ohne Mehrwert zu generieren, früher oder später draufzahlen. Ein guter Deal ist eine Win-win-Situation für alle Beteiligten.

5. DIE BESTEN DEALS SIND UNKONVENTIONELL

Nach all diesen Lektionen stand ich wieder vor der Herausforderung, mir etwas Neues zu suchen, und endete in der Welt der Sportwetten. Mein Startkapital betrug zehn Euro, ein kostenloses Werbegeschenk einer Sportwettenseite, auf die ich zufällig im Internet gestoßen war. Als ich diese zehn Euro während der Fußballweltmeisterschaft 2002 in 1.200 Euro verwandelt hatte, wusste ich, dass sich mir eine neue Einnahmequelle aufgetan hatte.

Durch Sportwetten gewann ich aber nicht nur Geld, sondern auch weitere wichtige Einsichten. Vor allem lernte ich, Entscheidungen auf Basis von handfesten Wahrscheinlichkeiten zu treffen und nicht mit dem Strom zu schwimmen. Schließlich verlieren die meisten Teilnehmer im Wettgeschäft – um zu gewinnen, musste ich also radikale Entscheidungen treffen, die rein auf Wahrscheinlichkeiten basieren und null auf meinen persönlichen Emotionen. Wer wettet schon gegen den Heimatverein? Sportwetten, welche die Allgemeinheit abschließt, triefen vor Wunschdenken, gedrückten Daumen und dem Klopfen auf Holz. Die Wetten, die ich abschloss, basierten auf Stochastik und Auswertungen. Ich musste schauen, wo andere aufgrund von Emotionen eine schlechte Entscheidung trafen, sodass ich die statistische Wahrscheinlichkeit auf meiner Seite hatte.

Gute Deals schließt du ab, wenn du entgegen der populären Meinung handelst. Ein guter Deal ist nicht der populäre, denn der ist bereits zu stark besiedelt. Zu viele Menschen sind auf der Jagd nach dem gleichen Ziel und bauen auf den Ideen auf, die sich für andere ausgezahlt haben. Für einen wirklich guten Deal musst du häufig in der entgegengesetzten Richtung suchen.

 »Um an die Quelle zu gelangen, muss man gegen den Strom schwimmen.«

(Konfuzius, chinesischer Philosoph, 551–479 v. Chr.)[2]

Insbesondere beim Sport trifft die Masse der Fans rein emotionale Entscheidungen. Sie wetten auf ihr Lieblings- oder Heimatteam, auch wenn deren Gewinnchancen geringer sind. Englische Teams in auswärtigen Finalspielen gelten bei Sportwetten zum Beispiel meist als Favoriten, ihre Gewinnchancen sind statistisch gesehen jedoch häufig gering, obwohl sie tatsächlich oft besser spielen als der Gegner. Weil die Engländer aber eine höhere Affinität zu Sportwetten haben als viele andere europäische Sportfans, verbirgt sich für den professionellen Wettteilnehmer eine große Chance an dieser Stelle, so auch für mich damals. Kaum jemand schaut sich solche Statistiken an. Stattdessen folgen Menschen gern der populären Meinung.

Wenn nun alle auf Chelsea als Auswärtssieger setzen, dann ist der gute Deal, darauf zu setzen, dass Chelsea nicht gewinnt. Denn sobald zu viele Leute auf einen Zug aufspringen, bleiben die guten Deals auf der Strecke.

Dieser Zug ist Bewegung in eine Richtung. Die Masse der Leute folgt dieser Bewegung, da sie sich in der Vergangenheit bewährt hat oder einfach nur, weil es einfacher ist, mit der Gemeinschaft mitzuziehen. Die Bewegung erhält Schub und gewinnt an Fahrt. Wenn aber jeder nur noch den anderen folgt, ohne Sinn und Verstand, sondern aufgrund eines inhärenten Herdentriebs, entsteht ein Schneeballeffekt. Dann rollt die Bewegung in eine unkontrollierte, willkürliche Richtung und schießt am vermeintlichen Ziel vorbei.

Dieses Prinzip gilt für die meisten Bereiche unseres Lebens. Du siehst es zum Beispiel in Politik und Wirtschaft, wo gut gemeinte Initiativen irgendwann in die Sinnlosigkeit abdriften. Wie zum Beispiel Gleichberechtigung und Inklusion, wenn ein Bauherr plötzlich Regelungen für Schwangere einhalten muss, obwohl auf keiner seiner Baustellen Frauen arbeiten.[3] Die Verantwortlichen starteten mit einer hervorragenden Idee, rollten aber schließlich in die falsche Richtung oder schossen über das Ziel hinaus. In solchen Fällen kann es sinnvoll sein, die populäre Meinung zu hinterfragen und gar nicht erst auf den Zug aufzuspringen. Gleiches gilt auch für Investitionen – die besten Investoren der Welt sind reich geworden, weil sie auf etwas gesetzt haben, was die meisten nicht gesehen oder gar abgelehnt haben.

Wenn du also auf der Suche nach einem guten Deal bist, schau dir die unpopulären Optionen an. Oft sind sie unpopulär, weil jemand sie loswerden will, das bedeutet aber nicht, dass sie keinen Wert haben. Im Gegenteil, sie könnten dir die Chance bieten, einen hervorragenden Deal zu machen.

6. ES GEWINNEN DIE MIT EINER STRATEGIE – MEIN WEG ZUM PROFIPOKER

Durch eine Werbung auf der Seite meines damaligen Sportwettenanbieters landete ich schließlich beim Online-Poker und folgte dem naiven Glauben, dass dabei jeder die gleichen Chancen auf Gewinn habe. Die Realität sah anders aus. Ich verlor wieder und wieder und es waren stets dieselben Leute, die gewannen. Wie konnte das sein?

Ich kam zu dem Schluss, dass die Gewinner einer Strategie folgen mussten, während ich ständig die gleichen Fehler machte. Also kaufte ich ein Buch über Poker und erhielt erste Einblicke in ein System, das mein Leben verändern sollte.

Wirklich eintauchen sollte ich in dieses System aber erst mit der Hilfe von Freunden. Auf einer Geburtstagsfeier in Frankfurt traf ich einen professionellen Pokerspieler, der vorschlug, ihn zur nächsten Turnierserie nach Wien zu begleiten. Ich zögerte zuerst, aber meine Intuition sagte, ich solle mitfahren, also trat ich die Reise an.

Die Turnierserie war eine regelrechte Offenbarung. Bereits auf der Zugfahrt lernte ich mehr über das Pokerspiel als in all der Zeit, in der ich zuvor gespielt und darüber gelesen hatte. Die Feinheiten, die mir die anderen Profispieler aufzeigten, veränderten meinen Blick auf das Spiel von Grund auf.

Das war der erste Moment in meinem Leben, in dem ich die wahre Bedeutung einer Peergroup erkannte. Nicht umsonst heißt es, dass du dich mit Menschen umgeben sollst, die auf einem ähnlichen Niveau oder besser sind als du und von denen du lernen kannst. Jemand, der eine Materie bereits durchblickt, kann dir völlig neue Perspektiven eröffnen. Ich lernte Konzepte, Strategien und Techniken, die ich während des Turniers erproben konnte, und gewann am Ende sogar mehr als die Profis, mit denen ich angereist war.

 »Du bist der Durchschnitt der fünf Menschen, mit denen du die meiste Zeit verbringst.«

(Jim Rohn, US-amerikanischer Unternehmer, 1930–2009)[4]

Zwar war meine Technik noch nicht ausgereift, aber dank meiner Menschenkenntnis und Intuition konnte ich anhand der Reaktionen meines Gegenübers erahnen, welche Hand er spielte. Das brachte mir den Spitznamen »Expekter« ein – ich »expectete«, erwartete, ein Ergebnis, das sich nicht durch reine Logik erklären ließ, das mich aber wieder und wieder zum Sieg führte. Es ging nicht nur um die Karten auf dem Tisch, sondern auch um die Menschen, die sie hielten.

Die Gewinne, die ich aus Wien forttrug, gaben mir das Selbstvertrauen, direkt weiterzumachen und mich für die nächsten Monate in weitere Turnierserien zu stürzen. Je mehr ich spielte, desto besser wurde ich. Allerdings baute mein Siegeszug stets darauf auf, mein Gegenüber und dessen Reaktionen zu lesen, weshalb ich im Online-Poker trotz meiner neu gewonnenen Kenntnisse und Einsichten über das Spiel nur durchschnittlich gut war. Hier fehlte mir die zwischenmenschliche

Energie, von der sich meine Intuition nährte und auf die ich in Teil 4 noch genauer eingehe.

Nach all der Zeit im Online-Geschäft legten diese Monate den Startschuss für meine professionelle »Reallife«-Pokerkarriere, von Angesicht zu Angesicht mit anderen Spielern. Nichts lehrte mich mehr, auf meine Intuition zu hören, die Motive der Menschen zu hinterfragen und zu erkennen, dass es beim Poker wie im Leben darum geht, zu wissen, wo man steht. Und noch viel wichtiger: Nichts lehrte mich mehr, gute Deals zu machen und welche Rolle die Intuition für jeden guten Dealmaker spielt – egal ob beim Poker, bei Unternehmern, Investoren oder jedem Einzelnen von uns, der versucht, gute Deals und Entscheidungen für sein Leben zu treffen.

7. KENNE DEINE POSITION

Eine der wichtigsten Weisheiten, die mir ein Mitspieler beim Pokern beibrachte, war die Beachtung von Aggression und Position: Sei aggressiv in einer guten Position und involviere dich nur wenig, wenn du in einer weniger guten Position steckst.

Diesem Ratschlag folgend tauchte ich zu Beginn meiner Pokerkarriere direkt tief ein und nahm mit, was ich konnte. Ich war in einer guten Position, frisch gestartet und mit schier endloser Energie. Mit jedem Turnier wurde ich besser, traf interessante Menschen und entdeckte im Pokern etwas, das Leidenschaft, Spaß und Geldverdienen in meinem Leben vereint. Ich reiste von Turnier zu Turnier, lebte in schönen und luxuriösen Hotels, genoss die Annehmlichkeiten und spielte abends Poker.

Allerdings gab es auch düstere Zeiten. Das Pokern war ein fortwährender Prozess des Lernens und Verbesserns, wie das Leben selbst. Es gab Höhen und Tiefen, Momente des größten Glücks sowie harte Zeiten, in denen ich mich durchkämpfte. Poker lehrte mich, mit Verluststrecken und der damit einhergehenden mentalen Belastung umzugehen.

Je besser ich wurde und je mehr ich wuchs, desto größer wurden auch die Folgen meines Tuns. Nicht nur die Einsätze wurden höher – und damit auch die Verluste, wenn es mal nicht lief. Auch die ständigen Hotelwechsel, das nächtliche Spielen an unterschiedlichen Orten und das Alleinsein waren zwar eine wichtige Zeit meines Lebens, wurden aber zunehmend auch zur Belastung. Schließlich fand ich eine Partnerin in Deutschland mit einem deutlich geregelteren Leben als meinem und plötzlich stellte sich mir die Frage, ob mein Nomadendasein in der Welt des Pokerns noch immer ein guter Deal war. Wollte ich bis zu meinem Lebensende so weitermachen? Letztendlich war dies einer der Gründe, warum ich mich von der professionellen Pokerkarriere abwandte. Ich betrachtete die Folgen und entschied mich für ein anderes Leben. Keine leichte Entscheidung, schließlich gehörte ich damals zu den Top 30 der besten Pokerspieler der Welt und verdiente auch entsprechend gutes Geld mit dem Spiel. Doch trotzdem war es ein guter Deal für mich, meine Pokerkarriere an den Nagel zu hängen, denn mich erwarteten sogar noch viel größere Deals.

Das bedeutet, ich wurde mir meiner Position bewusst und handelte entsprechend. Deine eigene Position herauszufinden, ist essenziell für dein zukünftiges Vorgehen. Für dieses Wissen benötigst du Informationen. Je länger du allerdings wartest, um weitere Informationen zu sammeln, desto größer ist das Risiko, dass ein Deal an dir vorbeizieht. Du musst deshalb lernen, wann du deine Entscheidungen schnell treffen kannst, ohne alle möglichen Informationen zu sammeln. Du brauchst Intuition. Wie du diese kultivieren und nutzen kannst, das schauen wir uns ganz ausführlich in den weiteren Teilen dieses Buches an. Hätte ich damals nicht auf meine Intuition gehört und stattdessen noch länger weitergespielt, hätte ich vielleicht noch ein paar Turniere mehr gewonnen, ich hätte aber eventuell meine neue Beziehung verloren. Es war Zeit zu handeln.

Wer auf seine Intuition hört, kann besser handeln. Wer besser handelt, hat in der Regel die Nase vorn. Ich handle vorzugsweise proaktiv. Das heißt, ich bevorzuge die Aktion vor der Reaktion. So gebe ich den Takt vor und alle anderen müssen mit dem weitermachen, was ich ihnen vorgelegt habe. Ich handle oder gebe anderen eine Handlung vor, anstatt sie bestimmen zu lassen, wie ich weiter vorgehen muss.

Aktion vor Reaktion:

Der einzige Vorteil der Reaktion ist, dass sie dir mehr Zeit lässt, um deine Aktion zu überdenken.

Zu agieren bedeutet gegebenenfalls auch, dass ich mich gegen etwas entscheide und abwarte – auch das ist eine entschiedene Aktion. Der Fokus liegt auf der aktiven und bestimmten Entscheidung. Ich folge meiner Intuition, bin mir meines Vorgehens aber immer bewusst. Selbst wenn ich am Ende so entscheide, wie Tausende andere vor mir, habe ich diese Entscheidung zumindest aktiv und bewusst gefällt und bin nicht einfach nur blind mit dem Strom geschwommen. Wichtig dabei ist, dass sich eine Aktion immer gut anfühlen muss, egal wie sie am Ende ausfällt. Auf diese Weise positioniere ich mich mir selbst und anderen gegenüber klar und deutlich.

Während meiner Pokerkarriere lernte ich nicht nur, meine eigene Position besser einzuschätzen – ich lernte vor allem, dass handfeste Informationen durch eine gute Portion Intuition geschlagen werden können, aber mehr dazu im nächsten Teil. Zunächst möchte ich dir erklären, warum das Pokern noch auf andere Weise eine Sackgasse in meinem Leben war.

8. PROFITABEL HEISST NICHT ZWINGEND SKALIERBAR

Pokern bot mir zwar eine solide finanzielle Basis und enorme Freiheiten, aber ich erkannte, dass es niemals der beste Deal meines Lebens sein konnte. Warum? Weil sich das Pokern nicht skalieren lässt.

Die einzige Möglichkeit, als Profi beim Pokern mehr Geld zu verdienen, ist, mehr Zeit am Tisch zu verbringen und höhere Einsätze zu spielen. Ich wollte aber etwas, das ich skalieren konnte, ohne ständig präsent sein zu müssen. Ich wollte nicht länger meine Zeit gegen Geld tauschen, die Nächte im Casino verbringen und meine Beziehung oder meine Familie vernachlässigen. Ein Deal, der viel Geld bringt, aber kein gutes Leben, ist ein schlechter Deal.

Von meiner Arbeit im Internet kannte ich leicht zu skalierende Systeme: Wenn eine Website gut lief und mehr Besucher anzog, verdiente ich mehr Geld, ohne tatsächlich mehr Zeit zu investieren. Das war beim Pokern nicht der Fall.

Und glaube mir, ich versuchte, das Pokern zu skalieren. Zum Beispiel brachte ich es anderen bei, unter der Bedingung, einen Anteil ihrer Gewinne zu erhalten. Aber meine Hoffnungen wurden enttäuscht. Am Ende waren meine Lehrlinge nicht ansatzweise so erfolgreich wie ich.

Ich hatte vergessen, wie viel Mühe und Zeit ich in das Erlernen des Pokerspiels investiert hatte und wie viel meines Erfolges von meiner Intuition abhing. Mir erschien es einfach, weil ich das Spiel bereits verstand. Davor hatte ich aber Zehntausende von Stunden ins Lernen und Praktizieren investiert. Diese Erfahrungen konnte ich nicht ausreichend an andere weitergeben. Ich unterschätzte schlichtweg, wie viel Anstrengung ich in das Pokern gesteckt hatte, um dorthin zu gelangen, wo ich war.

So wusste ich intuitiv, dass neben dem Pokern noch größere Deals auf mich warteten, solche, die profitabel waren, sich aber gleichzeitig auch skalieren ließen. Ich musste sie nur finden.

9. EINEN KÜHLEN KOPF BEWAHREN

Nach vielen erfolgreichen Jahren am Pokertisch beschloss ich 2012, mich neu zu orientieren. Auf der Suche nach Antworten auf die Frage, was ich statt Pokern tun wollte, griff ich zum Telefon und rief einen alten Freund aus meinem Heimatort an. Wir hatten einige Jahre zuvor gemeinsam an der Gründung eines Unternehmens gearbeitet, waren aber im Anschluss getrennte Wege gegangen.

Nun trafen wir uns wieder und ich fragte ihn rundheraus nach einer Idee für mein weiteres Tun. Tatsächlich brauchte er jemanden für bestimmte Aspekte in seinem Unternehmen und gab mir eine Anstellung.

Nach anderthalb Tagen saß ich in seinem Büro und teilte ihm mit, dass die Stelle nichts für mich sei. Die Prozesse waren ineffizient, langwierig und kompliziert. Ich fühlte mich eingeengt und konnte meine überbordende Energie nicht richtig ausleben. Anstatt aber alles direkt hinzuwerfen, behielten wir beide einen kühlen Kopf und überlegten, wie wir die Situation verbessern konnten. Mir wurden mehr Freiheiten gewährt – zum großen Vorteil des Unternehmens. Das war der Start einer erstaunlichen Karriere.

Vom Website-Manager stieg ich über den Prozessmanager zum Marketing und Controlling bis hin zum Leiter des Marketings und schließlich zum COO (Chief Operating Officer) auf. Ich brachte meine volle Energie in das Unternehmen ein und freute mich über jede neue Herausforderung.

Eine dieser Herausforderungen sollte den weiteren Verlauf meines Lebens bestimmen: Unser Unternehmen war auf der Suche nach mehr Lagerflächen. Wir brauchten zusätzliche 1.000 Quadratmeter, um unsere Waren im Vorfeld des Weihnachtsgeschäfts zu lagern. Da wir uns in Verhandlungen zum Unternehmensverkauf befanden, wollten wir keinen Mietvertrag von über einem Jahr abschließen. Lange Verbindlichkeiten hätten den Wert des Unternehmens beim Verkauf gemindert. Ich erinnere mich an den Prozess wie an Zahnschmerzen: Trotz unserer Bereitschaft, knapp 50.000 Euro Jahresmiete für eine geeignete Lagerfläche auszugeben, stießen wir auf nichts als Ablehnung, untragbare Bedingungen und Hürden.

Die Zeit lief uns davon, aber auch hier behielten wir einen kühlen Kopf und beschlossen, einfach selbst eine Immobilie zu kaufen und sie kurzfristig an unser Unternehmen zu vermieten. Wir fanden eine riesige Lagerhalle mit 8.000 Quadratmetern, die in einem Insolvenzverfahren zum Verkauf stand. Laut Insolvenzverwalter eignete sich die Halle nur noch zum Abriss. Er taxierte ihren Wert daher als den Wert des Grundstücks minus die Abrisskosten. Für mich ergab das keinen Sinn: Warum eine solide Struktur zerstören, die gefühlt dem Aufprall eines Meteoriten standhalten würde, nur um dann eine schlechtere an ihrer Stelle zu bauen? Also machten wir ein Angebot, das auf der Annahme beruhte, dass wir die Halle behalten könnten – unkonventionell, aber erfolgreich –, und erhielten den Zuschlag.

Mit der Hilfe eines Freundes konnten wir das notwendige Eigenkapital aufbringen und gingen zur Bank, um die Finanzierung zu organisieren. Wir präsentierten einen Plan, laut dem wir die Halle in drei Jahren voll auslasten wollten, doch die

Bankerin überraschte uns mit der Vorhersage oder Bedingung, da waren wir uns nicht sicher, das in einem Jahr zu schaffen. In jenem Moment begriff ich, dass wir auf dem richtigen Weg waren. Indem ich einen kühlen Kopf bewahrte und den Kurs hielt, machte ich den ersten Schritt in ein neues Kapitel meines Lebens.

10. MEIN HOLPRIGER EINSTIEG IN IMMOBI-LIENDEALS

Statt die Halle leer stehen zu lassen, inserierten wir auf *ImmobilienScout*, bewarben sie mit professionellen Fotos und boten sie als flexible Mietfläche an. Die von uns benötigten 1.000 Quadratmeter teilten wir ab und lösten damit das Lagerproblem unseres Unternehmens. Der Rest sollte zu einer extra Einnahmequelle werden.

Diese ergab sich am 21. Dezember 2015. Ein Telefonanruf kündigte einen Interessenten für einen Großteil unserer Lagerfläche an: Der Geschäftsführer eines Betriebs mit 60 Mitarbeitern musste schnellstmöglich sein Unternehmen umziehen, da sein Mietvertrag zum Ende des nächsten Jahres gekündigt worden war. Es stellte eine enorme Herausforderung für ihn dar, eine adäquate Immobilie für ein produzierendes Gewerbe mit Spezialmaschinen zu finden, insbesondere in einer Stadt mit begrenztem Angebot an geeigneten Räumlichkeiten.

Zwei Monate später unterzeichneten wir den Mietvertrag für eine Fläche von 5.000 Quadratmetern – allerdings fertig renoviert. Damit wurden wir, die wir keinerlei Erfahrung in diesem Bereich hatten, plötzlich zu Projektentwicklern, die nun eine in die Jahre gekommene Halle kernsanieren und umbauen mussten.

Teilweise ist es mir noch heute ein Rätsel, wie wir den Umbau rechtzeitig meisterten. Trafohäuschen zum Beispiel haben deutlich längere Lieferzeiten als andere Maschinen, wie ich entsetzt feststellen musste. Auch die Elektroplanung verursachte uns Kopfschmerzen. Der Kostenvoranschlag, den wir für die Elektronik erhielten, lag bei unfassbaren 470.000 Euro, obwohl die Planung noch nicht einmal komplett abgeschlossen war. Situationen wie diese öffneten uns die Augen für die raue Realität des Haifischbeckens namens Immobilienbranche. Anstatt klein beizugeben, nutzten wir unsere unternehmerischen Fähigkeiten und fanden schließlich einen Elektriker, der bereit war, die gleiche Arbeit für 125.000 Euro zu übernehmen – solange wir uns selbst um die Deckenleuchten kümmerten. Ich konnte kaum glauben, welche Kostenunterschiede in Immobiliengeschäften auftreten können, je nachdem, mit wem man zusammenarbeitet.

Noch am 27. Dezember des folgenden Jahres, mitten im Schnee, installierten wir die letzten Fenster und am 1. Januar konnten die Mitarbeiter unseres neuen Mieters in die neue Halle einziehen. Dieser holprige Start in die Immobilienbranche war für mich eine intensive Lernphase, sorgte aber vor allem für eines: Als das Projekt abgeschlossen war und wir weitere Mieter fanden und beherbergten, waren wir stolz auf unsere Leistung. Wir hatten einen Ort, den andere abreißen wollten, in etwas Neues verwandelt und dadurch Arbeitsplätze erhalten und geschaffen.

Diese Erfahrung, gepaart mit der anschließenden Analyse der finanziellen Ergebnisse, machte mir die positiven Seiten und die Lukrativität des Immobiliengeschäfts bewusst. Es war nicht nur skalierbar, sondern bot mir auch die Möglichkeit, meine Fähigkeiten im Dealmaking, in der Unternehmensführung, meine Menschenkenntnisse und meine geschulte Intuition zu kombinieren.

Außerdem führte ich durch Immobiliendeals positive Veränderungen herbei, nicht nur auf wirtschaftlicher, sondern auch auf sozialer und gesellschaftlicher Ebene. Denn erinnere dich: Ein guter Deal ist ein guter Deal für alle Beteiligten. Zum Beispiel kauften wir ein leer stehendes ehemaliges Kaufhaus mitten in der Innenstadt meines Heimatortes Bad Kreuznach. Derlei Objekte können ganze Stadtteile negativ beeinflussen, entsprechend der Broken-Windows-Theorie: Sobald sich in einer Region Zeichen von Verwahrlosung oder Schäden zeigen, ist die Wahrscheinlichkeit für weitere Schäden und steigende Kriminalität bis hin zum gesellschaftlichen Verfall deutlich höher.[5] Indem wir uns des leer stehenden Gebäudes in zentraler Lage annahmen, belebten wir nicht nur ein einzelnes Objekt wieder, sondern eine gesamte Nachbarschaft.

Das ist der enorme Unterschied zum Pokern: Am Ende eines Pokerspiels gibt es einen Gewinner und viele Verlierer. Deshalb bringt jeder Sieg einen negativen Beigeschmack mit sich. In der Immobilienbranche aber können alle Beteiligten gewinnen: Verkäufer bekommen Geld für ihr Haus, ein Käufer erhält ein Investitionsobjekt, ein Mieter findet eine Unterkunft, eine Gegend leidet weniger unter Wohnraummangel oder Leerstand und alle am Verkauf Beteiligten wie Notare, Architekten, Handwerker und Makler bestreiten ihren Lebensunterhalt. Richtig durchgeführt, bleibt bei einem Immobiliendeal niemand mit nichts auf der Strecke. Das machte die Immobilienbranche zu einer Welt, in die ich gern tiefer eintauchte.

11. BUY-IN: NUR DER AKTIVE SPIELER KANN GEWINNEN

Den meisten erscheint mein Lebenslauf bis hierher wahrscheinlich wie eine wilde Irrfahrt auf der Überholspur. Vom Zeitungsausträger über Website-Erstellung, die Karriere als professioneller Pokerspieler und als COO eines mittelständischen Unternehmens bis hin zum Immobilieninvestor mit einer Villa auf Bali. Was aber all diese Stationen vereint und meinen Erfolg überhaupt erst möglich machte, ist die Fähigkeit, in Aktion zu treten.

Um ein Spiel zu gewinnen, musst du zuerst spielen.

Mit der Aktion kommen die Herausforderungen. Wer keinen Fuß vor die Tür setzt, begegnet auch keinen herausfordernden Situationen. Wer sich aber Herz voran ins Leben stürzt, wird positive wie negative Erfahrungen machen. Manche Menschen können damit besser umgehen, andere weniger gut.

Diejenigen, die sich am Ende durchsetzen und ihren Traum leben, sind die Menschen, die sich weniger Sorgen machen. Im Immobilienbusiness könntest du über etliche Entwicklungen beunruhigt sein – das Zinsniveau, Sanierungsbedarf bis hin zu Naturkatastrophen. Alles mögliche Stressoren. Oder du kannst dich auf die Chancen konzentrieren, die dir diese einzigartige Branche bietet.

Was ich im Pokerspiel gelernt habe, ist das: Was dich nicht relevant oder komplett aus dem Spiel nimmt, macht dich stärker für das Spiel. Sorgen über Kleinigkeiten lähmen dich lediglich. Du wirst nur besser, indem du aktiv bleibst und weiterspielst. Durch das ständige Spielen erleidest du natürlich auch Rückschläge, aber das sind keine Fehlschläge, sondern nur Iterationen, die dir dabei helfen, anschließend besser zu spielen. Das Einzige, was du vermeiden musst, ist, dass dich etwas vollständig aus dem Rennen wirft.

»Eine Niederlage ist nichts anderes als die Gelegenheit, neu anzufangen – dieses Mal intelligenter.«

(Henry Ford, US-amerikanischer Erfinder und Unternehmer, 1863–1947)[6]

Interessanterweise zögern oft diejenigen, die es sich am ehesten leisten könnten, neue Wege zu gehen. Die erfolgreichsten Menschen haben häufig das Gefühl, sie hätten auch am meisten zu verlieren. Doch das tatsächliche Risiko ist viel geringer als das vorgestellte. Insbesondere in einem Land wie Deutschland fällt man selbst nach einer katastrophalen Niederlage immer wieder auf die Füße. Das Einzige, was du vielleicht verlierst, sind Ruhm und Ansehen, aber Angst davor zu haben, das ist einer der größten Fehler, den du machen kannst.

Die zwei größtmöglichen Fehler:

1. Dich mit anderen vergleichen
2. Dich darum scheren, was andere von dir denken

Selbst nach einer scheinbar falsch getroffenen, drastischen oder bedeutsamen Entscheidung ist niemals alles verloren. Eine Entscheidung ist lediglich eine Tür, durch die du gehst. Dahinter wartet kein schwarzer Abgrund auf dich, sondern im Zweifel drehst du dich um und gehst einfach wieder zurück.

Wir lernen aus dem, was nicht funktioniert, deswegen sprach ich auch von Trial-and-Error: Versuche etwas, schau, was passiert, verbessere dein Vorgehen und versuche es erneut. Folgst du dieser endlosen Schleife, wirst du nicht nur stetig besser in dem, was du tust, auch dein Erfolg wird Schritt für Schritt größer.

Was auch immer es ist, was dich davon abhält, aktiv zu werden, lass es los. Kauf dich ins Spiel ein und wage den Schritt in die Aktivität. Das Einzige, was ich dir rate, ist, am Anfang die Einsätze kleinzuhalten. Wer groß anfängt, aber noch nicht die notwendigen Erfahrungen, Kenntnisse, Konzepte und eine geschulte Intuition mitbringt, wird mit ziemlicher Sicherheit auch hoch verlieren.

Ein Kind lernt, nicht auf die heiße Herdplatte zu fassen, egal ob es sich nur die Fingerspitze verbrennt oder direkt beide Handflächen lodern. Lerne, dich auf einem neuen Spielfeld zunächst zurechtzufinden, und hol dir vielleicht ein paar Blasen an den Fingerspitzen, anstatt direkt mit Volumina arbeiten zu wollen, die du von deinem bisherigen Spielfeld gewohnt bist, und dich komplett in Brand zu setzen.

Obwohl ich diese Lektion selbst bereits gelernt habe, ist es allzu leicht, in alte Verhaltensmuster zurückzufallen. Ich träume zum Beispiel davon, einen Pilotenschein zu machen, und sehe mich bereits nach einem Flugzeug um, das ich kaufen könnte – dabei fehlt mir noch jegliche Erfahrung darin, welches Flugzeug überhaupt das passende für mich wäre. Ein Freund machte mich richtigerweise darauf aufmerksam: Mach erst deinen Schein, dann kannst du dich immer noch nach Fliegern umsehen. Eins nach dem anderen.

Egal wie viel du über deine bisherigen Branchen weißt, wenn du in einem neuen Bereich startest, bist du wieder Anfänger. Also fang klein an – aber fang an. Denn nur der aktive Spieler kann gewinnen. Halte die Einsätze niedrig, beobachte, was passiert, und lerne. Niemand gewinnt ein Turnier am ersten Tag, aber nur die können gewinnen, die überhaupt teilnehmen.

TEIL 2

DIE MOTIVATION DES GUTEN DEALS

12. EIN ERFÜLLENDES LEBEN IST EIN GUTER DEAL

Du weißt nun, dass jede Situation im Leben Deals und Verhandlungen mit sich bringt, in denen du Folgen abwägen und Entscheidungen treffen musst. Woher aber weißt du, welche Entscheidungen dich in die richtige Richtung führen?

Ich denke oft über die verschiedenen Deals in meinem Leben nach, vom Pokern über das Unternehmertum bis hin zum Immobilienbusiness. Von außen mag es vielleicht den Anschein haben, als sei finanzieller Reichtum mein vorrangiges Ziel. Tatsächlich strebe ich aber in allem, was ich tue, nach etwas ganz anderem. Statt finanzieller Freiheit, Ansehen und materiellen Gütern suche ich nach Erfüllung – nach dem Gefühl, mein Leben wirklich zu leben.

Ein bestimmter Geldbetrag auf dem Konto ist schön und gut, aber am Ende geht es weder um die Anzahl der Immobilien, die du besitzt, wie oft du einen Privatjet nimmst oder wie viel du im Restaurant bezahlen kannst. Was bringt es mir, der beste Pokerspieler der Welt zu sein, wenn ich nicht das Gefühl habe, dass ich mein Leben voll und ganz lebe? In allem, was du tust, sollte es dir um deine persönliche Erfüllung gehen.

Erfüllung sieht für jeden anders aus.

Erfüllung ist etwas höchst Individuelles. Du musst auf dich selbst hören, um herauszufinden, was dein Herz höherschlagen lässt, Schmetterlinge im Bauch auslöst und ein zufriedenes Lächeln auf dein Gesicht zaubert. Niemand außer dir selbst weiß, wie du dich fühlst und was dich im Innersten bewegt und antreibt. Andere Menschen können dir Ratschläge geben, aber am Ende triffst du mithilfe deiner persönlichen Intuition die besten Entscheidungen für dich und dein Leben.

»If I had asked my customers what they wanted,
they would have said a faster horse.«

(Henry Ford)[7]

Hätte Henry Ford auf die logischen und rationalen Antworten seiner Zeit gehört, würden wir vielleicht noch heute Pferdekutschen und keine Autos fahren. Doch er hörte auf seine Intuition und schuf etwas Revolutionäres.

Manchmal bedarf es der Revolution, auch in deinem Leben. Nehmen wir an, du bist CEO eines internationalen Unternehmens mit Tausenden von Mitarbeitern. Du verdienst gutes Geld und genießt einen hohen Status und die Anerkennung deiner Branche. Was aber, wenn du plötzlich erkennst, dass dein wahres Herzensverlangen darin besteht, einen Fahrradladen zu eröffnen? Dann kannst du noch so viel Geld verdienen, du wirst in deiner jetzigen Position nie hundertprozentig glücklich werden.

Was du an diesem Beispiel erkennst, ist Folgendes: Wenn deine Gesamtsituation nicht zufriedenstellend ist, kannst du noch so viele kleine Details ändern, du wirst keine Erfüllung finden. Als CEO bist du vielleicht bestimmter Aspekte des Jobs überdrüssig und stellst daher jemanden ein, der diese für dich übernimmt. Das ändert aber nichts an deiner Gesamtsituation – dass das CEO-Dasein nicht deine Bestimmung ist, sondern der Fahrradladen.

Es ist, als lebtest du in einem Land, das dir nicht zusagt. Dann kannst du noch so oft das Haus wechseln, ein neues Auto kaufen oder einen Kanarienvogel adoptieren, all das wird keinen Unterschied in deiner Erfüllung machen. Um wirklich glücklich zu werden, musst du das Land verlassen.

Groß schlägt Klein:

Wenn du im Großen falschliegst, bringt es dir nichts, wenn du im Kleinen alles richtig machst.

Die kleinen Entscheidungen sind die einzelnen Schritte: Du setzt einen Fuß vor den anderen – links, rechts, links, rechts –

und gehst. Der große Gesamtkontext aber ist der Boden unter deinen Füßen. Bietet er dir keine ausreichende Unterstützung, wirst du niemals ordentlich gehen können, egal wie sehr du es auch versuchst.

Henry Ford änderte den Gesamtkontext, in dem Mobilität gedacht wurde. Ein schnelleres Pferd wäre die kleine Veränderung. Er aber ging die großen Veränderungen der Gesellschaft an und revolutionierte unsere Fortbewegungsweise.

»Eure Zeit ist beschränkt, also verschwendet sie nicht damit, dass ihr das Leben von jemand anderem lebt. Seid nicht in Dogmen gefangen – was bedeutet, den Gedanken anderer Leute zu folgen. Lasst nicht den Lärm fremder Meinungen eure eigenen inneren Stimmen ertränken. Und am allerwichtigsten: Habt den Mut, eurem Herzen und eurer Intuition zu folgen. Irgendwie wissen sie, was ihr wirklich werden wollt. Alles andere ist nebensächlich.«

(Steve Jobs, US-amerikanischer Unternehmer und Mitgründer von Apple Inc., 1955–2011)[8]

Die Konzentration auf das Große fällt uns manchmal schwer, weil wir den Wald vor lauter Bäumen nicht sehen. Dann ist es wichtig, auf dein Bauchgefühl, deine Intuition zu hören. In einer Welt, die von Daten, Fakten und Zahlen getrieben wird, vergessen wir zu oft unser Bauchgefühl. Doch gerade in den Momenten, in denen uns Logik und Rationalität im Stich lassen, ist es unsere Intuition, die uns weiterbringt und uns die Entscheidungen aufzeigt, von denen unsere Erfüllung abhängt. Bei allen Deals, die ich abschließe, höre ich auf meine Intuition und achte darauf, dass sie mich in Richtung eines erfüllenden Lebens führen. Dabei liegt der Schlüssel zum Verständnis eines guten Deals in der Einfachheit: Wenn ein Deal zu kompliziert ist, um ihn direkt zu verstehen und umsetzen zu können, ist er wahrscheinlich nicht der richtige. Das Leben ist komplex genug. Warum es noch schwieriger machen?

Es sind die simplen Grundlagen, die den größten Unterschied machen und dich hin zu einem erfüllenden Leben leiten. Wenn du auf dein Leben zurückblickst, solltest du das Gefühl haben, dass du wirklich gelebt, deinen Traum verwirklicht hast und deinem Herzen gefolgt bist. Das macht ein erfüllendes Leben zum besten Deal, den du abschließen kannst.

13. WARUM MACHST DU DEALS?

Sobald du dich fragst, was dich im Leben erfüllt, findest du den Kern deiner Motivation: dein Warum. Warum tust du die Dinge, die du tust? Was steckt dahinter?

Stell dir vor, du blickst 30 Jahre in die Zukunft. Wo siehst du dich? Erfolgreich in deinem Bereich oder an der Spitze eines großen Unternehmens? Als Motivational Speaker in einer Halle vor Tausenden von Menschen? Oder doch lieber finanziell frei am einsamen Strand einer Karibikinsel?

Sei achtsam: Du weißt bereits, dass Erfüllung nicht mit Geld oder Reichtum gleichzusetzen ist. Du könntest in 30 Jahren all das oben Genannte erreicht haben und dennoch feststellen, dass es dich nicht mehr erfüllt oder vielleicht sogar nie erfüllt hat. Wenn du wirklich wissen willst, was dir Erfüllung bringt, dann musst du dein Warum herausfinden.

Was ist dir wirklich wichtig und was nicht? Was ist dir nur deshalb wichtig, weil die Gesellschaft oder andere Menschen es als wichtig erachten? Stell dir folgende Fragen, um deinem Warum näher zu kommen. Notiere alle deine Antworten schriftlich:

1. **Was möchtest du tun?**

2. **Warum möchtest du das tun?**

3. **Und warum möchtest du das?**

4. **Frag dich wieder und wieder bei jeder neuen Antwort: Warum?**

Auf diese Weise dringst du in immer tiefere Schichten deiner Motivation vor. Beginnend bei der oberflächlichen Frage »Was möchte ich?«, gräbst du tiefer und tiefer. Diesen Prozess wiederholst du so lange, bis du zu deinen Kernmotivationen vorgedrungen bist, zu zwei oder drei Schlüsselwörtern, auf die du wiederholt stößt. Diese bestimmen über dein eigentliches Handeln, auch wenn du dir dessen vielleicht nicht bewusst bist.

Beispiel:

Ich möchte Immobilien renovieren.

Warum? Ich möchte aus etwas Altem etwas Neues mit mehr Nutzen machen.

Warum? Ich möchte anderen etwas Nützliches hinterlassen.

Warum? Ich möchte anderen helfen und sie weiterbringen.

Warum? Ich möchte das Gefühl haben, dass ich etwas Gutes im Leben getan habe.

Warum? Ich genieße das Gefühl, Gutes zu tun – es bringt mir Erfüllung.

Durch meine eigene Fragereise wurde mir bewusst, dass das Bedürfnis, etwas weiterzugeben, nicht nur materiell, sondern auch in Form von Wissen und Unterstützung ein zentraler Wunsch meiner Existenz ist. Dieses Buch ist unter anderem ein Zeugnis dieses Bedürfnisses. Auch Freiheit, Authentizität und Liebe sind drei fundamentale und tief in mir verankerte Werte. Mit dem Wissen um meine Kernmotivationen kann ich alle meine Entscheidungen und Deals an meinem Warum ausrichten und mehr Erfüllung in meinem Leben finden.

Dein Warum zu finden, ist dabei eine Reise, keine Destination. Es ist ein ständiger Prozess des Infragestellens, Lernens und Wachsens. Diese Reise ist nötig, wenn du deinem Warum treu bleiben und ein erfüllendes Leben mit echter, dauerhafter Zufriedenheit führen willst.

Hierfür ist der erste Schritt, dein eigenes Warum zu erkennen. Anschließend geht es darum, dein Leben entsprechend neu auszurichten, die Hindernisse zu identifizieren, die dich davon abhalten, deinem Warum zu folgen, und dann nach Wegen zu suchen, diese Hindernisse zu überwinden. Dafür musst du tief sitzende Überzeugungen und eingefahrene Lebensmuster hinterfragen und Wege einschlagen, selbst wenn sie unbequem sind und von dem abweichen, was du bisher für selbstverständlich gehalten hast.

»Comfort zones are where dreams go to die.«

(Regina King, US-amerikanische Schauspielerin und Filmregisseurin)[9]

14. DIE BEREITSCHAFT, EIN AMATEUR ZU SEIN

Sich neu aufzustellen, bedeutet, dass du wieder von vorn anfängst – als Amateur.

In unserer sich ständig wandelnden Welt besteht der Schlüssel zu persönlicher Erfüllung darin, immer wieder den Mut zu haben, in die Rolle des Unwissenden und Unfähigen zu schlüpfen. Wann immer du dich in unbekannte Gebiete vorwagst, triffst du oft auf dir fremde Situationen, die dich eventuell auf den ersten Blick überfordern. Bei einer steilen Lernkurve musst du bereit sein, Fehler zu machen und aus ihnen zu lernen. Das sind die Momente, in denen du dich als Amateur fühlst – in denen du aber auch die größte Chance hast zu wachsen.

Als ich mich in die Welt des Pokerns stürzte, war ich mir darüber im Klaren, wie wenig ich wusste. Ich war bereit, mich in dieser unbekannten Landschaft als Amateur zu bewegen, auch wenn ich schon Unternehmenserfahrung im E-Commerce gesammelt hatte. Indem ich Demut, Neugier und den Willen, mich weiterzubilden, zeigte, war ich offen für neues Wissen und bereit für Erfolg.

»In the beginner's mind there are many possibilities, but in the expert's mind there are few.«

(Shunryu Suzuki, Gründer des ersten Zen-Klosters außerhalb Asiens)[10]

Ironischerweise erlaubt dir die Bereitschaft, Amateur zu sein, schneller Expertise aufzubauen. Sobald du vorgibst, etwas bereits zu wissen, blockst du automatisch neues Wissen ab. Das ist auf den sogenannten **Primacy-Effekt** zurückzuführen, eine psychologische Tendenz, laut der wir uns an zuerst gewonnene Informationen besser erinnern als an alles, was nach ihnen kommt.[11] In Verbindung mit dem **Anker-Effekt** bewerten wir diese Informationen sogar als wertvoller als später hinzugekommene.[12]

Unwissenheit hingegen gibt dir die Freiheit, Dinge mit neuen Augen zu betrachten und neue Erkenntnisse zu erlangen, die dir sonst verborgen geblieben wären. Du hast einen unverstellten, frischen Blick und bist unabhängig von Konventionen, die andere zurückhalten. Zum Beispiel brachen Elon Musk und Tesla mit vielen Konventionen der Automobilindustrie – und schafften so einen neuen Standard. Wie oft kommt es im Leben vor, dass etwas keinen Sinn ergibt, aber niemand diesen Umstand hinterfragt? Einfach nur, weil ihnen ihr bisheriges Wissen die Sicht auf neue Möglichkeiten nimmt und sie im »Das haben wir schon immer so gemacht« gefangen sind.

Passend dazu kennst du vielleicht diese weitverbreitete Zen-Weisheit:

> Ein gelehrter Professor besucht einen Weisen, um von ihm zu lernen. Sie sitzen zusammen am Tisch und der Professor erzählt dem Weisen von seinen bisherigen Erfahrungen und allem, was er bereits weiß. Währenddessen schenkt der Weise dem Professor Tee ein. Er gießt und gießt, die Tasse füllt sich, doch der Weise hört nicht auf, bis der Tee schließlich über den Rand der Tasse läuft. Der Professor schimpft: »Hör auf! Siehst du nicht, dass meine Tasse voll ist?« Der Weise blickt den Professor an und meint: »Ganz

genau. Deine Tasse ist bereits voll. Ich kann dich nichts lehren. Komm wieder, wenn deine Tasse leer ist.«

Bescheidenheit ist nicht umsonst eine Tugend, insbesondere wenn du dich in eine neue Branche vorwagst. Oben erwähnte ich bereits, dass einer der größten Fehler bei einem Neustart ist, mit gewohnten Volumina zu arbeiten – und mangels Erfahrung und Wissen tief abzustürzen, statt lediglich auf die Nase zu fallen.

Sei stattdessen bereit, dich als Amateur zu sehen, selbst wenn du glaubst, bereits alles Notwendige zu wissen. Ansonsten geht es dir wie dem Großteil der Menschen, die etwas Neues lernen: Der sogenannte Dunning-Kruger-Effekt beschreibt die Selbstüberschätzung derer, die sich gerade erst mit einem neuen Thema auseinandersetzen. Indem sie noch nicht wissen, wie viel sie nicht wissen und wie umfassend die neue Thematik tatsächlich ist, glauben sie sich bereits als Experten auf dem Gebiet – befinden sich aber in der Realität auf »Mount Stupid«.[13]

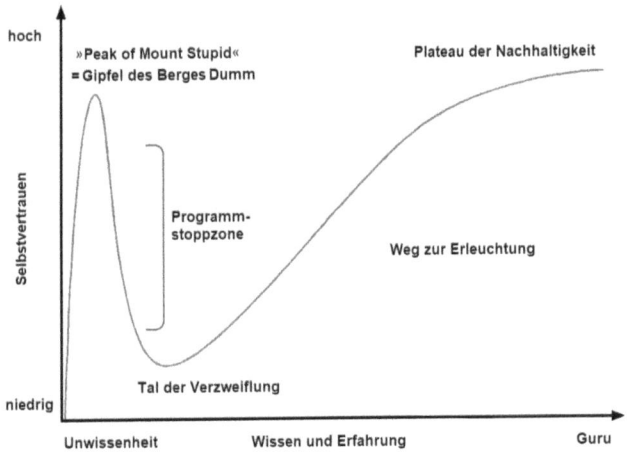

Selbst wenn du in einem bestimmten Bereich Expertise besitzt, musst du bereit sein, dich in einem neuen Kontext oder bei der Zusammenarbeit mit neuen Menschen wieder wie ein Amateur zu fühlen. Ich mag mich sehr gut mit dem Immobilienkauf auskennen, wenn es aber um Neubau geht, bin auch ich Amateur. Jeder Deal, jede neue Geschäftsmöglichkeit bringt unterschiedliche Anforderungen und Herausforderungen mit sich. Die Kunst liegt darin, die Kluft zwischen deinem vorhandenen Wissen und deinem zeitweiligen Unwissen zu überbrücken, indem du dich stets selbst hinterfragst.

Insbesondere wenn du erkennst, wo deine Erfüllung liegt, und du neue Wege einschlägst, kommt dir die Sicht des Amateurs zugute. Leider verleidet uns die Gesellschaft die Offenheit über Unwissen. Kaum jemand gibt bereitwillig Unwissen zu oder ist gern Amateur in den Augen anderer. Profis genießen hohes Ansehen und je mehr Wissen jemand in seinem Bereich vorweisen kann, desto besser. Dass aber auch Profis irgendwann einmal als Amateure anfingen, wird gern unter den Teppich gekehrt.

Außerdem neigt unsere Gesellschaft dazu, Menschen in Schubladen zu stecken und von ihnen zu erwarten, dass sie in der ihnen zugewiesenen Rolle verbleiben, insbesondere wenn damit materieller Reichtum verbunden ist. Aber diejenigen, die wirklich erfolgreich und erfüllt sind, sind auch diejenigen, die den Mut haben, den etablierten Pfad zu verlassen, ihrer wahren Passion zu folgen und sich zu trauen, neu anzufangen. Jeder von uns ist einzigartig. Es gibt keinen anderen Menschen wie dich auf dieser Welt. Deshalb ist es so wichtig herauszufinden, was deine wahre Berufung ist, und sie auszuleben – niemand sonst tut dies für dich. Wenn du dein Warum findest und anschließend die Offenheit beweist, als Amateur voranzuschreiten, kannst du dir jegliche Träume erfüllen.

Es mag einfacher sein, in der Komfortzone zu bleiben, besonders wenn du bereits erfolgreich bist. Aber denk daran, dass es immer noch Türen gibt, die darauf warten, von dir geöffnet zu werden. Sei mutig, sei ein Amateur und folge deinem Herzen. So findest du die lukrativsten Deals.

15. DER REIZ DES LUKRATIVEN DEALS

Aus all dem – deinem Warum und deinem Weg zum erfüllenden Leben – ergibt sich, dass manche Deals für dich lukrativer sind als andere. Denn mit »lukrativ« meine ich nicht zwingend finanziellen Gewinn. Stattdessen ist ein lukrativer Deal ein erfüllender Deal, einer, der dich in der Seele berührt und dir zeigt, dass du dich in die richtige Richtung bewegst.

Lukrativ: bringt dich näher zur Erfüllung

Nicht lukrativ: verfehlt das Ziel, dich näher zur Erfüllung zu bringen

Hast du das einmal verinnerlicht, wirst du von selbst lukrative Deals als reizvoller empfinden als nicht lukrative. Für mich ist das schlichtweg eine Frage der Logik: Warum sollte ich meine Zeit mit etwas verbringen, das mich nicht erfüllt, wenn ich die Wahl habe? Das wäre reine Verschwendung. Und warum sollte ich einen Deal abschließen, der mir nicht dabei hilft, meine eigentlichen Ziele im Leben zu erreichen?

Deshalb betrachte ich selbst bei Immobiliendeals den »Return on Investment« immer als variabel: Er muss nicht monetär sein. Er kann auch in Form von Beziehungen, Lebensqualität oder sogar in der Gestaltung unserer Umgebung auftreten, indem zum Beispiel ein Stadtbild verschönert wird. Selbst bei alltäglichen Deals überlege ich mir immer, welcher mir den höchsten Return on Investment verspricht, ganz im Sinne der oben angesprochenen Folgen, die es bei jeder Entscheidung zu bedenken gilt. Ob es darum geht, welche Klamotten ich für den Tag auswähle, beim Bestellen des Essens im Restaurant oder im größeren Kontext darum, Entscheidungen für das Leben zu treffen – der reizvolle Deal hilft mir, mein persönliches Optimum zu leben.

Die Herausforderung besteht darin, diese lukrativen Deals in einem Meer von Möglichkeiten zu identifizieren. Genau hier spielt die Intuition eine entscheidende Rolle: Es ist unser Bauchgefühl, das uns den richtigen Weg weist. Wenn du vor eine Entscheidung gestellt wirst und herausfinden willst, wie der Deal für dich am lukrativsten ausfällt, lass dich von deiner Intuition leiten, anstatt den Deal wortwörtlich zu zerdenken.

»It is Intuition that will tell the thinking mind where to look next.«

(Jonas Salk, Arzt und Immunologe, Erfinder der Polioimpfung, 1914–1995)[14]

Zu oft verlieren wir uns in einem endlosen Kopfkino, das uns mehr Energie raubt, als Einsicht schenkt. Das Leben ist voller »Was-wäre-wenn«-Momente. Stell dir vor, du hast die Möglichkeit, Investor eines Immobilien-Deals zu werden, bei dem eine Klinik gekauft werden soll. Allerdings hat dein Sohn genau an dem Tag, an dem das finale Meeting des Immobiliendeals stattfindet, seinen Abschlussball. Deine Intuition sagt dir, du solltest zum Abschlussball gehen, und das tust du auch. Dadurch bist du nicht Teil des Klinik-Deals. Dann kannst du dich für immer fragen, was passiert wäre, wenn du dich anders entschieden hättest. Vielleicht machen alle Klinik-Beteiligten in nur wenigen Jahren Millionengewinne, während du leer ausgehst. Oder aber der Klinik-Deal entpuppt sich als Flop und du tatst gut daran, ihn links liegen zu lassen und Zeit mit deinem Sohn zu verbringen. Fakt ist: Deine Intuition hat immer recht.

Das bringt mich zu einer Erkenntnis, die ich schon früh beim Pokerspielen gelernt habe: Die endgültigen Ergebnisse unserer Handlungen und die Handlungen selbst sind unabhängig voneinander.

Das Ergebnis einer Handlung steht nicht immer direkt mit der Handlung in Verbindung.

Beim Pokerspiel kann man trotz einer starken Hand verlieren und du kannst nie alle Effekte einer Handlung durchdenken. Solange du aber Entscheidungen auf Basis deiner Intuition triffst, handelst du immer richtig, egal ob dein rationales Denken damit einverstanden ist oder nicht.

Am Ende des Tages glaube ich fest an das, was meine Mutter bereits zu sagen pflegte: Alles im Leben ist für etwas gut. Alles hat seinen Zweck. Selbst wenn wir durch schwierige Zeiten gehen, führt uns jede Erfahrung weiter auf unserem Weg. Ich selbst kann mich an keine einzige »negative« Begebenheit erinnern, die mir nicht auf die eine oder andere Weise später weitergeholfen hat. Alles, was dich nicht komplett aus dem Spiel nimmt, macht dich stärker und besser.

Deshalb bringt es nichts, Deals endlos rational durchdenken zu wollen. Manchmal musst du einfach die Karten deiner Intuition in die Hand nehmen und pokern.

16. DAS LEBEN IST EIN GROSSER POKERTISCH

Wenn du in deinem Leben zurückblickst und über Entscheidungen nachdenkst, die im Nachhinein gesehen nicht zu deinen Gunsten verliefen, fällt dir eventuell auf, dass sie dir trotzdem noch etwas Positives gebracht haben – oder noch in Zukunft bringen werden.

Im Pokern nennt sich ein solches Konzept »Implied Odds«. Auf den ersten Blick mag eine Entscheidung nicht lukrativ für dich aussehen, aber indem sich verschiedene Einzelsituation zu einem Gesamtbild fügen, streichst du am Ende doch Gewinn ein.

Implied Odds berücksichtigen die Schätzungen möglicher zukünftiger Gewinne.

Solange du im Spiel bist, kannst du gewinnen. Und solange du lebst, können sich vergangene Entscheidungen zu deinen Gunsten entwickeln.

Ich erinnere mich zum Beispiel an den Kauf eines Luxusguts. Ich bezahlte damals deutlich mehr, als das Gut wert war, aber darum ging es mir nicht. Wichtig war, dass ich es von einem Geschäftsmann kaufte, der auch als Investor in verschiedenen Projekten involviert ist. Für ihn zählte beim Verkauf nicht nur das Geschäft selbst, sondern auch das Gefühl, mit Gewinn aus der Sache hervorzugehen. Es wäre einfach gewesen, hart zu verhandeln und den Preis zu drücken, aber indem ich dem überteuerten Preis zustimmte, gab ich ihm das gute Gefühl, dass ich ihm Gewinn verschaffte. Mit mir Geschäfte zu machen, lohnte sich für ihn.

In dem Moment, als ich das teure Objekt kaufte, erwarb ich nicht nur ein Luxusgut, sondern baute eine Beziehung auf und gab einen Vertrauensvorschuss. Wenn du jemandem zeigst, dass du ihm mehr Wert zuschreibst, als er erwartet, schafft das eine Bindung, die über den momentanen Deal weit hinausreicht.

Mit diesem Kauf gewann ich den Investor als Geldgeber für meine Projekte. Er wusste, dass ich ihn nicht hinters Licht führen würde, weil er bereits eine Bindung zu mir besaß. Manchmal müssen wir einen Schritt zurückgehen, um zwei Schritte nach vorn zu machen. Das Leben ist ein Pokertisch voller solcher Entscheidungen. Es geht nicht immer darum, jede Hand zu gewinnen, sondern darum, am Ende des Spiels den größten Profit mit nach Hause zu nehmen.

Gesamtbild vs. Detailansicht:

Es geht um mehr als nur den augenblicklichen Gewinn.

In solchen Momenten kann einem das Ego im Weg stehen und ins Ohr flüstern, dass du einen Fehler machst. Und natürlich: Niemand kann in die Zukunft blicken und absolut sicher sein, dass sich Entscheidungen auszahlen werden. Wenn aber dein Bauchgefühl sagt, dass es der richtige Weg ist, selbst wenn du dir die Entscheidung nicht rational erklären kannst, dann ist das auch so. Intuition schlägt Logik und das große Bild, der langfristige Plan, lässt kurzfristige Verluste verblassen.

Erinnere dich regelmäßig daran, dass es nicht nur um den Deal geht, den du in diesem Moment vor Augen hast. Es geht um das gesamte Spiel, das sich entfaltet. Genau wie beim Poker musst du lernen, auf deine Intuition zu vertrauen und das große Ganze im Blick zu behalten.

17. GUT SCHLAFEN UND GUT AUFWACHEN KÖNNEN

Berücksichtigst du die bisherigen Erkenntnisse, kannst du vor allem eines: gut schlafen und gut aufwachen. Warum ist das so wichtig?

Ein ruhiger Schlaf und ein energiegeladenes Aufwachen sind für mich Zeichen dafür, dass du die richtigen Deals im Leben abschließt. Deals, die dir kein Kopfzerbrechen verursachen, kein schlechtes Gewissen und keine Bauchschmerzen bereiten. Das klingt einfach und dennoch handeln viele Menschen gegen dieses grundlegende Prinzip. Sie entscheiden sich für den kurzfristigen Vorteil, erzählen eine kleine Lüge oder nehmen Abkürzungen, um schneller an Profit zu gelangen. In der Folge plagen sie schlaflose Nächte.

Willst du aber im Leben etwas Bleibendes schaffen, musst du in der Lage sein, dich selbst im Spiegel anzusehen und zu wissen, dass du das Richtige getan hast. Nur dann bist du frei von den Bürden, die dir Albträume bereiten können.

Nachhaltiger Erfolg findet sich in Menschen, die mit Integrität handeln.

Außerdem profitierst du mit den richtigen Deals vom Zinseszinseffekt: Eine Entscheidung, die auf Ehrlichkeit und Aufrichtigkeit basiert, zahlt sich nicht nur einmal aus, sondern immer wieder. Ein guter Ruf zum Beispiel multipliziert sich, indem andere positiv von dir berichten. Im Gegenzug kann eine schlechte Entscheidung zu einem Dominoeffekt von weiteren schlechten Entscheidungen führen. Dann musst du auf einer Basis von Lügen und Unklarheiten weitermachen, was über kurz oder lang in der Sackgasse endet. Wenn du ständig überlegen musst, was du wem erzählt oder wie du bestimmte Dinge erklärt hast, dann entsteht innerer Lärm, der dich vom Wesentlichen ablenkt, ein wirres Labyrinth in deinem Kopf. Das beeinflusst dann auch deine Fähigkeit, deiner Intuition zu folgen, negativ. Der Lärm in deinem Kopf übertönt dein gesundes Bauchgefühl.

Ein gutes Gewissen, ruhiger Schlaf und eine klare Intuition gehen daher Hand in Hand und haben einen kumulativen Effekt auf dein Leben. Natürlich ist niemand perfekt. Jeder von uns hat irgendwann einmal eine Entscheidung getroffen, die er später bereut hat oder die auf nicht allzu regen Beweggründen basierte. Aber es geht nicht darum, nie Fehler zu machen, sondern aus ihnen zu lernen und in der Zukunft bessere Entscheidungen zu treffen – solche, die dich ruhig schlafen lassen.

Kurzfristige Vorteile können verlockend sein. Aber ich glaube fest daran, dass ein Leben basierend auf Ehrlichkeit, Integrität und Aufrichtigkeit letztlich deutlich erfüllender und erfolgreicher ist als ein Leben, in dem es lediglich um das Streben nach dem eigenen Gewinn geht. Denn was nützt der größte Reichtum, wenn man abends Angst hat, die Augen zu schließen, und morgens Angst, sie wieder zu öffnen? Mit den richtigen Deals schläfst du nicht nur gut, du bist auch wirklich frei – frei von Ängsten, Sorgen und jeglichen Bedenken.

 »Besser ein ruhiges Gewissen als ein erfolgreiches Schicksal. Ich bevorzuge eher einen guten Schlaf als ein gutes Bett.«

(Victor Hugo, französischer Schriftsteller 1802–1885)[15]

18. JEDEN BESSER HINTERLASSEN, ALS DU IHN VORGEFUNDEN HAST

Deals, die dich gut schlafen und aufwachen lassen, sind solche Deals, von denen auch andere profitieren.

Erinnere dich an den Investor, der mir ein teures Luxusgut verkaufte. Statt zu feilschen, zahlte ich etwas mehr, als vielleicht nötig gewesen wäre, und hinterließ ihn besser als zuvor. Ein außenstehender Beobachter mag darüber den Kopf schütteln. Doch das Geheimnis dahinter ist das Verständnis des langfristigen Spiels. Dieses Vorgehen mag kurzfristig nicht logisch erscheinen, aber es ist genau der Ansatz, der langfristig zum Erfolg führt.

Auch hier geht es um den Zinseszinseffekt, das am meisten unterschätzte Konzept der Welt – und zwar auf der Ebene menschlicher Beziehungen. Wenn du jemandem mehr gibst, als er erwartet, ist es wahrscheinlicher, dass er später in dich investiert, sei es mittels Zeit, Ressourcen oder Vertrauen. Dieses Vertrauen ermöglicht dir größere und bessere Deals in der Zukunft.

Einen guten Deal zu machen, bedeutet deshalb niemals, dem anderen das Letzte abzuringen, um für sich selbst mehr herauszuschlagen, sondern umfasst den Versuch, beiden Seiten zum gewünschten Ziel zu verhelfen. Bringe dafür deine eigenen Ziele in Einklang mit den Zielen deines Gegenübers und schaffe eine Atmosphäre, in der dein Gegenüber überhaupt in der Lage ist, seine Ziele zu artikulieren. Solche Deals schaffen eine Win-win-Situation, die auf Vertrauen und Respekt basiert.

Um dahin zu gelangen, musst du dich öffnen, authentisch agieren und transparent und ehrlich auftreten. Und du solltest dazu bereit sein, etwas zu riskieren.

**Wer nicht bereit ist zu verlieren,
wird niemals gewinnen.**

Das größte Risiko besteht nicht darin, etwas zu geben, sondern sich nicht zu trauen, ehrlich zu sein, und zwar aus Angst, den Deal zu verlieren. Lügen und Unwahrheiten können dir zu einem Deal verhelfen, sie sind aber zu kurzfristig gedacht. Ein solcher Deal ist kein guter Deal. Stattdessen sind es Ehrlichkeit und Authentizität, die den Unterschied machen.

Wenn ich mit einem Investor einen Deal bespreche, dann erläutere ich ihm nicht nur die Vorteile, sondern auch eventuelle Nachteile und Risiken. Ich spiele mit offenen Karten und mache ihm alle Fallstricke bewusst. Man könnte erwarten, dass der Investor dann verunsichert vom Deal zurücktritt. Meistens geschieht aber das Gegenteil: Indem ich bewusst nichts verheimliche, gewinne ich das Vertrauen des Investors und er ist eher bereit, mit mir Geschäfte zu machen.

Wann immer du einen Deal aushandelst, sei authentisch und respektvoll. Versuche zu helfen, wo du kannst. Zeige, dass es dir um mehr geht als nur um deinen eigenen Vorteil. Das schafft eine Ausstrahlung, die andere Menschen anzieht und auf deine Seite bringt. Du weißt nie, in welche Situation du einmal gerätst. Wenn du dann nicht nur zehn Menschen auf deiner Seite hast, die dir wohlgesinnt sind, sondern 1.000, macht das einen enormen Unterschied. Authentizität und Ehrlichkeit sind in einer Welt, in der jeder versucht, den größten Anteil vom Kuchen zu bekommen, selten und daher umso wertvoller.

Wenn du also das nächste Mal in eine Verhandlung gehst, denk daran: Es geht nicht darum, alles zu nehmen, sondern jeden besser zu hinterlassen, als du ihn vorgefunden hast. Sobald du nach dieser Prämisse handelst, wirst du feststellen, dass du nicht nur bessere Deals machst, sondern auch tiefere und erfüllendere Beziehungen aufbaust.

19. DIE LIEBE FÜR DIE SACHE

Einmal auf diese Weise betrieben, ist der Abschluss der richtigen Deals eine wahre Freude und du kannst sie vollends ausleben: die Liebe für die Sache.

Falls du denkst, dass du lediglich mit Geschick und Taktik gute Deals machen kannst, muss ich dich enttäuschen. Kurzfristig mag das stimmen, aber langfristiger Erfolg bleibt denen vorbehalten, die mit Herz und Seele bei der Sache sind. Ohne Leidenschaft für das, was du tust, bleibst du immer einen Schritt hinter denen zurück, die ihre Liebe für die Sache ausleben.

»Durch die Leidenschaft lebt der Mensch, durch die Vernunft existiert er bloß.«

(Nicolas Chamfort, französischer Moralist und Denker, 1741–1794)[16]

Wenn du liebst, was du tust, bist du bereit, voll einzusteigen, tief einzutauchen und mit ganzer Hingabe die beste Version deiner selbst zu werden. Dann wirst du nicht von Nebensächlichkeiten abgelenkt und kannst bessere Entscheidungen treffen.

Nehmen wir zum Beispiel das Pokern: Ein Spieler, der aus wahrer Liebe zum Spiel an den Tisch geht, hat einen entscheidenden Vorteil gegenüber denen, die aus Gier, Langeweile oder anderen Gründen spielen. Wer das Spiel wirklich liebt, kann sich voll und ganz darauf konzentrieren und wird nie müde, weiter zu lernen und sich zu verbessern. Er ist präsent, nimmt alles wahr – die Karten, die Gegner, die Atmosphäre. Es gibt keine Ablenkungen, keine Ängste. Dieser Spieler wird nicht durch den Gedanken beeinflusst, ob er gewinnt oder verliert. Er spielt, weil er das Spiel liebt, und genau das führt ihn zum Sieg.

Ähnlich sieht es in allen Lebensbereichen aus. Wenn Cristiano Ronaldo einen Elfmeter schießt, dann trifft er, weil er auf Basis seiner Hingabe bereits Tausende Male zuvor diesen Elfmeter geübt hat und voll bei der Sache ist. Sollte er abgelenkt sein und nur halbherzig schießen, dann würde jemand anderes, der mit Leidenschaft spielt, gegen ihn gewinnen – egal ob Profi oder nicht.

Für mich bedeutet die Liebe für die Sache, jeden Tag mit dem aufzuwachen, was ich wirklich tun möchte. Es bedeutet, in das eingetaucht zu sein, was ich tue, ohne von äußeren Einflüssen oder eigenen Unsicherheiten abgelenkt zu sein. Es bedeutet, mehr zu fühlen und weniger zu denken.

Raus aus dem Kopf, rein ins Herz

So wie dich die richtigen Deals gut schlafen lassen und deinen Kopf klären, fördert auch die Liebe für die Sache deinen Fokus und deine Erfolgsquote. Was du auch tust, tue es mit Leidenschaft und du wirst immer einen Weg finden, erfolgreich zu sein. Es geht nicht nur darum, wie gut du in einer bestimmten Sache bist, sondern darum, wie sehr du sie liebst. Dann wirst du automatisch das Beste aus dir herausholen.

20. WISSEN, WORAN MAN SPASS HAT

Dein Warum, deine Einstellung gegenüber Deals und die Wahl der richtigen Deals bilden die Makroebene, die dich zu einem erfüllenden Leben führen. Nun blicken wir auf die Mikroebene, und zwar ganz speziell auf das, was dir Freude bereitet.

Bleiben wir bei der Fußballmetapher und nehmen an, Fußball macht dir Spaß. Du weißt, dass du gern spielst, und stehst regelmäßig auf dem Platz. Das ist aber noch nicht das Ende der Entdeckungsreise. Du musst tiefer graben. Liegt deine wahre Leidenschaft im Angriff oder im Verteidigen? Bist du der geborene Stürmer oder eher ein Naturtalent als Torwart?

Um wirklich herauszufinden, woran du Spaß hast, musst du verschiedene Positionen ausprobieren und deine Stärken ausleben. Oft neigen wir dazu, nur unsere Schwächen zu sehen und zu versuchen, diese auszugleichen. Aber dein wahres Potenzial entfaltet sich, wenn du das tust, was dir Spaß macht und was du dadurch gut kannst. Wenn du dich auf deine Stärken fokussierst, kannst du der Beste in deinem Bereich werden, auch gegen Widerstände.

Diese Erkenntnis kam mir auch im Pokern zugute. In Wien spürte ich intuitiv, dass mein Ding das Live-Pokern ist, nicht Online-Poker. Obwohl beide Formate ähnliche Regeln und Bedingungen haben, fühlte ich mich live vor Ort im Casino wohler und erzielte deutlich bessere Ergebnisse. Ich hörte auf mein Bauchgefühl und das sagte mir, dass ich mich auf das konzentrieren sollte, woran ich wirklich Spaß hatte. Genau das tat ich.

 »What we choose to focus on and what we choose to ignore play a great role in defining the quality of our lives.«

(Cal Newport, Sachbuchautor und außerordentlicher Professor für Informatik in Georgetown)[17]

Und das tue ich auch heute noch. In der Immobilienbranche liegt mein Hauptaugenmerk zum Beispiel auf An- und Verkauf sowie auf dem Beteiligen von Investoren. Hier bleibe ich aber deshalb nicht stehen. Freude ist nicht in Stein gemeißelt. Ich reflektiere ständig, entwickle meine Kernkompetenzen weiter und verfeinere meine Stärken. In Zukunft werde ich mich eventuell deutlich mehr auf Unternehmensbeteiligungen konzentrieren und weniger auf Immobilien. Denn ich erlaube mir die Freiheit, Dinge auszuprobieren, und gebe mir den Raum, meiner Intuition zu folgen. Sie führt mich immer dorthin, wo ich am besten aufgehoben bin.

Gib auch du dir die Erlaubnis, das zu tun, was dir wirklich Spaß macht, und probiere dich aus. Es braucht Mut, sich von den vorgegebenen Pfaden zu lösen und seiner Intuition zu folgen, aber wenn du an den Punkt kommst, an dem du genau weißt, was dir Spaß macht, und du dieses Wissen in deinem Alltag und in deiner Karriere einsetzt, dann wird dein Leben nicht nur erfüllender, sondern auch erfolgreicher. Es geht nicht nur darum, zu erkennen, was du gut kannst, sondern auch darum, dieser Erkenntnis zu folgen und sie in die Tat umzusetzen.

21. WARUM INTUITION DER ENTSCHEIDENDE FAKTOR IST

In allem, was ich bislang angesprochen habe, spielt ein Faktor die größte Rolle: deine Intuition. Sie hilft dir, dein Warum zu finden, die besten Deals zu wählen, zu erkennen, was dir Spaß macht und worin deine Stärken liegen, und bei vielem mehr.

Wenn du dich an wichtige Momente in deinem Leben zurückerinnerst, fällt dir dann vielleicht auf, dass du manchmal Entscheidungen getroffen hast, die nicht rational erklärbar sind? Spürst du eventuell, dass du von einer Art inneren Stimme geleitet wurdest, von einer Gewissheit, deren Ursprung du nicht benennen kannst? Dann war deine Intuition im Spiel.

Zunächst einmal ist Intuition nichts anderes als das Vertrauen in dich selbst und das Hören auf diese innere Stimme. In einer Welt voller Ablenkungen und Gesellschaftsdruck ist das zugegebenermaßen keine leichte Aufgabe. Trotzdem gilt: Niemand weiß besser, was gut für dich ist als du selbst. Das macht deine Intuition so wichtig. Wenn du nicht auf deine innere Stimme hörst, agierst du nicht optimal. Und wenn du nicht optimal agierst, erzielst du auch nicht die bestmöglichen Ergebnisse. Daher ist es entscheidend, deine Intuition zu schärfen, sie zu reflektieren und sie zu erspüren.

 »When you don't know what to do, do nothing. Get quiet so you can hear the still, small voice – your inner GPS guiding you to true north.«

(Oprah Winfrey, Talkshow-Moderatorin und Unternehmerin)[18]

Wann immer es darum geht, Entscheidungen zu treffen, Deals einzugehen oder einen Weg zu wählen, entscheiden sich erfolgreiche Menschen intuitiv. Sie wissen zum Beispiel, wen sie einstellen wollen, nicht anhand der Zeugnisnoten, sondern rein intuitiv, indem sie spüren, wer aufrichtig ist und wer nicht. Eine gute Ausbildung ist nicht gleichbedeutend mit guten Arbeitsleistungen. Tatsächlich haben viele der erfolgreichsten Unternehmer unterdurchschnittliche Schulabschlüsse, weil sie früh genug erkannten, dass der konventionelle Weg des Lernens für sie nicht sinnvoll ist.

In meinem Leben entscheide ich immer wieder intuitiv, welche Deals ich eingehen möchte und welche nicht. Zeitungen auszutragen war kein guter Deal, Websites zu erstellen ein besserer und das Pokern noch besser. Jeder dieser Schritte ergab für mich Sinn, auch wenn es auf den ersten Blick keinen logischen Zusammenhang zwischen ihnen gab. Meine Intuition leitete mich von einem zum nächsten. Somit war rückblickend jeder Schritt auf meinem Weg ein guter Deal.

Um der eigenen Intuition zu folgen, braucht es eine gewaltige Portion Neugier und Abenteuerlust. Du musst dazu bereit sein, dich selbst zu hinterfragen und zu erkennen, dass du im Leben wenig zu verlieren, aber alles zu gewinnen hast. Auf diese Weise kann dich deine Intuition zu völlig neuen Höhen deiner Karriere und zu einem erfüllenden Leben führen.

22. DOUBLE-UP

Jetzt, wo du weißt, woran du Spaß hast, was dich antreibt und nach welchen Deals du Ausschau halten solltest, ist es an der Zeit, den nächsten Schritt zu wagen: Double-up. Verdopple deinen Einsatz mit der Aussicht auf einen höheren Gewinn.

Du hast dich vom kompletten Amateur zu einem Amateur entwickelt, der weiß, wohin er will. Dieses Bewusstsein ist der Schlüssel: Du bist jetzt bereit dazu, mehr zu tun, mehr zu lernen, über dich hinauszuwachsen.

Double-up ist nicht nur eine Pokerstrategie, sondern vielmehr eine Lebensphilosophie. Sie bezeichnet den Mut, sich zu verdoppeln, weiter zu gehen, tiefer einzutauchen. Jeder von uns hat diesen Moment erlebt: Wenn du schon ein wenig Ahnung von der Materie hast, ein Grundverständnis besitzt und dann plötzlich diesen Drang verspürst, den nächsten Schritt zu gehen. Dieser Moment, in dem du realisierst, dass du bereits alle notwendigen Werkzeuge in der Hand hast, ist der Beginn der nächsten Etappe.

Mit dem bisherigen Wissen besitzt du eine klare Vision, eine Richtung. Du bist noch lange nicht am Ziel, aber du bist bereit dazu, dich dem weiteren Unbekannten zu widmen.

Lass dir von deiner Intuition dabei helfen, dich selbst zu übertreffen, dich weiterzuentwickeln, zu wachsen und der Pro in deinem eigenen Leben zu werden.

»Wo kämen wir hin, wenn alle sagten, wo kämen wir hin, und niemand ginge, um einmal zu schauen, wohin man käme, wenn man ginge.«

(Kurt Marti, Schweizer Pfarrer und Lyriker, 1921–2017)[19]

TEIL 3

DIE INTUITION
DES GUTEN DEALS

23. INTUITION: EIN GE-FÜHL FÜR DIE SITUA-TION

Sie ist dein Weg zu langfristigem Erfolg, deine Abkürzung zu den Dingen, die in deinem Leben wirklich zählen, und sie ist vor allem eines: der Kern eines jeden guten Deals. Alles, was du bislang gelernt hast, hat dich hierhergeführt – zu deiner Intuition.

Das Problem ist, dass die meisten Menschen nicht wissen, wie sie ihre Intuition wahrnehmen und sie als das hilfreiche Werkzeug, das sie ist, einsetzen können. Viel zu oft überlagern Gedanken, die durch Erziehung, Gesellschaft, Nachrichten und andere Einflüsse geformt wurden, die subtile Stimme der Intuition und übertönen sie. Selbst wenn du ein erstes Bauchgefühl wahrnimmst, ignorierst du es vielleicht, sobald die lauteren »Ja, aber ...«-Gedanken eintrudeln.

Ich möchte dir zeigen, wie du lernst, deine Intuition von deinen Gedanken zu trennen und deine innere Stimme von anderen Gefühlen zu unterscheiden. Denn Intuition macht sich meist durch Gefühle bemerkbar. Sie entspricht einem unerklärlichen Wissen, einer Art Eingebung, und erfolgt ohne bewusstes Denken. Sie wahrzunehmen, erfordert ein Gespür für die subtilen Vorgänge in deinem Körper und die Energie um dich her. Nur weil du sie noch nicht aktiv wahrnimmst, bedeutet das aber nicht, dass du deine Intuition nicht jetzt schon nutzt. Stell dir vor, ich frage dich etwas und du musst innerhalb einer Sekunde antworten. Dann hast du keine Zeit zum Nachdenken, antwortest also wortwörtlich aus dem Bauch heraus. Deine Intuition ist genau das: dieses erste Gefühl für die Situation, ein unmittelbarer Eindruck, der aus deinem Innersten zu stammen scheint und dessen Ursprung wir nicht ermitteln können.

Nimmst du jemandem die Zeit, dann nimmst du ihm die bewussten Gedanken.

Leider folgt kaum jemand seinem allerersten Eindruck. In den nächsten Kapiteln möchte ich dir deshalb zeigen, wie du deine Intuition auch nach ihrem ersten Auftreten in all dem Lärm wiederfindest. Dafür müssen wir aber zuerst weitere Unterscheidungen treffen: Wobei handelt es sich um Intuition und welche Gefühle sind eventuell auf andere Ursachen zurückzuführen?

24. DIE DREI EBENEN DES SEINS

Viele Menschen setzen Begriffe wie Intuition und Instinkt gleich, aber sie sind tatsächlich weit voneinander entfernt. Ich unterscheide drei Ebenen des Seins: Instinkt, Ratio und Intuition.

Erste Ebene: Instinkt

Dein Instinkt ist die erste und primitivste, animalische Ebene. Hier reagieren wir lediglich auf Grundbedürfnisse wie Hunger, Durst, Sexualtrieb, Schlafbedürfnis und Ähnliches. Instinkte sind tief verwurzelte, oft automatische Reaktionen, die vor allem durch genetische Veranlagung angetrieben sind. Diese Triebe sind elementar und überlebenswichtig für uns. Sie sind der Motor unseres Daseins, unsere Basis, aber sie definieren uns nicht und sollten definitiv nicht unsere Wahl guter Deals beeinflussen.

Instinkte machen sich durch Gefühle und Emotionen bemerkbar. Derlei Emotionen können aber dein Denken auf eine Weise vernebeln, die mehr Fragen aufwirft, als dass sie Antworten liefert. Sie verleiten zu kurzfristigen Handlungen, ohne auf langfristige Nachhaltigkeit ausgelegt zu sein.

Zweite Ebene: Ratio

Deine Ratio oder auch kognitive Ebene liegt über der ersten Ebene und ermöglicht dir, bewusste Entscheidungen auf Basis von Abwägungen zu treffen. Hier finden sich deine Vernunft und Logik sowie Gedankengänge über das »Für und Wider« eines Deals.

Unsere Fähigkeit, abstrakt zu denken, in die Vergangenheit oder Zukunft zu blicken und komplexe Konzepte zu verstehen, hebt uns von anderen Lebewesen ab. Viele Menschen handeln in der heutigen Zeit vorwiegend auf dieser Ebene, manche so sehr, dass sie die Instinktebene sogar teilweise verdrängen.

Die Ratio drückt sich durch Sprache aus, denn wir denken in Worten. Je elaborierter sich jemand ausdrücken kann, desto vielschichtiger wird auch seine Ratio, was jedoch nicht immer eine positive Entwicklung darstellt. In der westlichen Welt legen wir einen unglaublichen Fokus auf Logik und Rationalität. Unser Bildungssystem lehrt uns, Dinge auswendig zu lernen, Formeln zu lösen und Zusammenhänge zu verstehen. Es lehrt uns, rational zu denken und zu agieren. Aber ich habe festgestellt, dass viele wirklich erfolgreiche Menschen nicht rational handeln, sondern intuitiv. Das bringt uns zur dritten Ebene.

Dritte Ebene: Intuition

Auf der dritten und höchsten Ebene findet sich die Intuition. Deine Intuition ist eine Form der Klarheit, die über instinktive Impulse und rationale Gedanken hinausreicht. Sie ist ein unmittelbares und schwer erklärbares Gefühl, von dem niemand so recht weiß, woher es kommt. Jedenfalls scheint es Wissen zu umfassen, das sich deiner reinen Logik nicht erschließt.

Wenn du eine intuitive Erkenntnis hast, spürst du absolute Sicherheit. Die Intuition ist über Zweifel erhaben. Auch wenn Zweifel vorhanden sind, zeigt sie dir, dass du auf dem richtigen Weg bist. Es ist diese Art von Klarheit, die wir in einem guten Deal suchen.

Beispiel

Stell dir vor, du stehst vor einem All-you-can-eat-Buffet und versuchst zu entscheiden, was du auf deinen Teller lädst. Dein Instinkt ruft »Schokokuchen!« von den hinteren Plätzen und fügt hinzu: »Mit möglichst viel Fett und Zucker!« Deine Ratio redet dir Salat, Hühnchen und fettarmes Dressing ein, denn etwas Ähnliches hast du im Gesundheitsmagazin gelesen. Deine Intuition aber wird dir zu genau dem raten, was für dich in diesem Moment das Beste ist. Vielleicht ist dein Eisenspiegel etwas niedrig und deine Intuition leitet dich zum Sesam-Dip, ohne dass du dir logisch erklären kannst, warum du dich zu ihm hingezogen fühlst.

»The power of intuition, the supra-logic that cuts out all routine processes of thought and leaps straight from problem to answer.«

(Robert Graves, britischer Schriftsteller und Dichter, 1895–1985)[20]

Wir wissen alle, wie schwierig es sein kann, nicht auf die Schokokuchen-Rufe zu hören. Unsere Instinkte sind laut, schließlich sind sie es, die uns durch die Evolution hinweg am Leben erhalten haben. Mit dem richtigen Training, das ich dir weiter unten näherbringe, kannst du aber deine Intuition mit ähnlich lauter Stimme wie deine Emotionen sprechen lassen.

Denn Intuition hat nichts mit Emotionen zu tun, wie sie in Instinkten vorkommen. Sie ist der Punkt, an dem alle unsere Erfahrungen, unser Wissen, unsere Instinkte und scheinbar über uns selbst hinausreichendes Wissen zusammentreffen und uns Dinge spüren lassen, die die reine Vernunft weit übertreffen. Durch Intuition erhalten wir Impulse für die richtigen Entscheidungen in unserem Leben, sei das am Buffet oder im Büro.

Bauchgefühl statt Kopfschmerzen:
Dein Bauch ist das bessere Gehirn

Das ist es, was uns von anderen Lebewesen absetzt, die zwar über Instinkte, weniger aber über Intuition verfügen. Vögel zum Beispiel legen Tausende von Kilometern zurück, um genau dort anzukommen, wo sie sich auch letztes Jahr trafen. Fische navigieren sich durch ganze Ozeane, um zum Ort ihrer Geburt zurückzukehren. Würden Vögel aber ihrer Intuition und nicht nur ihrem Instinkt folgen, wüssten sie, dass der See, an dem sie sonst jedes Jahr Rast gemacht haben, dieses Jahr ausgetrocknet ist. Fische wüssten, dass ein Staudamm ihren Geburtsfluss blockiert und sie in ihrem Fortkommen hindert. Echte Intuition würde ihnen Wege aufzeigen, die sie trotzdem an ihr Ziel führen – entgegen ihren Instinkten.

Echte Intuition ist mehr als Gedanken und deutlich mehr als instinktives Handeln. Unsere Instinkte sind wie der stählerne Rumpf, der Maschinenraum und die Segel eines Schiffes: Sie treiben uns an und halten uns am Laufen. Die Ratio ist die Navigation des Schiffes auf Basis von Erfahrungswissen und aktuellem Kartenmaterial. Damit das Schiff aber nicht auf einen Eisberg aufläuft, in einen Sturm gerät und überhaupt die richtige Richtung einschlägt, braucht es die Informationen des Ausgucks, der mehr sieht als alle anderen – die Intuition.

In Kombination eröffnen dir die drei Ebenen deines Seins, Instinkt, Ratio und Intuition, ungeahnte Möglichkeiten. Keine der Ebenen sollte zu kurz kommen.

Der Instinkt sorgt für unser Überleben. Er sorgt dafür, dass wir genug essen, schlafen, uns fortpflanzen und nicht auf eine befahrene Straße laufen. Unsere Instinkte halten uns als Individuen und als ganze Spezies am Leben. Sie sind das Fundament von allem und daher elementar wichtig. Manche Menschen, die anfangen, sich mit Intuition zu beschäftigen, fangen auch an, auf ihre Instinkte herabzublicken. Diese werden dann als etwas Niederes betrachtet. Doch das ist ein großer Fehler, denn unsere Instinkte sind überlebenswichtig.

Die Ratio ist unser Werkzeug, um Entscheidungen umzusetzen. Sie hilft uns, Ideen auszuführen, Zusammenhänge zu verstehen, Chancen und Risiken zu kalkulieren, Sachverhalte logisch zu durchdenken und Neues zu erschaffen. Sie ist die Fähigkeit, die uns von anderen Lebewesen abhebt und für sämtliche technologischen Fortschritte gesorgt hat. Mit ihr bauen wir Häuser, fliegen Flugzeuge und entwickeln Medikamente – Fähigkeiten, zu denen andere Lebewesen nicht in der Lage sind.

Die Intuition schlussendlich ist unser Wegweiser, der dafür sorgt, dass wir unsere Instinkte und unsere Ratio richtig ausrichten: Sie hilft uns, den passenden Partner zu finden, das beste Lebensumfeld, den erfüllenden Beruf. Sie hilft uns, die Nahrung zu wählen, die in diesem Moment gut für uns ist, das Buch zu lesen, das uns in diesem Moment weiterbringt, oder zu der Veranstaltung zu gehen, auf der wir »zufällig« den Menschen treffen, der uns im richtigen Moment die richtige Tür öffnet. Wer seine Intuition wahrnimmt, erschafft sich ein grandioses Leben. Wer sie ignoriert, läuft immer wieder in die falsche Richtung und stößt sich den Kopf an allen möglichen Wänden. Lass es mich anhand des oben genannten Beispiels folgendermaßen vereinfachen:

Die Instinkte sind das Schiff, das dafür sorgt, dass wir auf dem weiten Ozean des Lebens nicht ertrinken.

Die Ratio ist unsere Fähigkeit, Segel zu setzen, Karten zu lesen, die Windgeschwindigkeit zu messen und das Schiff zu steuern.

Die Intuition sorgt dafür, dass wir überhaupt das richtige Ziel auswählen.

Sobald du dich nur auf eine der Ebenen konzentrierst, verschwendest du dein Potenzial und verpasst die besten Deals. Um wirklich erfolgreich und erfüllt zu leben, solltest du lernen, alle drei Ebenen in Einklang zu bringen. Indem du dir deiner Instinkte bewusst bist, deine kognitive Kraft nutzt und einzuschätzen weißt und deiner Intuition folgst, machst du das Beste aus deinem Leben. Dafür müssen die meisten von uns aber erst wieder erlernen, ihre Intuition zuzulassen.

»When the body functions spontaneously, that is called instinct. When the soul functions spontaneously, that is called intuition.«

(Osho, indischer Philosoph, 1931–1990)[21]

25. DIE INTUITION ZULASSEN

Unsere Instinkte sind naturgemäß oft die lauteste Stimme im Entscheidungsprozess. Dicht darauf folgt die Ratio, insbesondere wenn es um langfristige Entscheidungen und komplizierte Deals geht. Die Intuition kommt bei den meisten von uns zu kurz, dabei ist sie es, die dir die besten Deals sichert.

Deine Intuition tritt immer dann in Erscheinung, wenn du dich voll und ganz auf den gegenwärtigen Moment einlässt. Das bedeutet, alle Sinne zu aktivieren und wirklich zu spüren, was du in diesem Augenblick erlebst. Lass die Gefühle zu und nimm sie so intensiv wahr, dass du dich auch später noch an sie zurückerinnern kannst.

Nun schwingen sowohl in Intuitionen als auch in Instinkten Gefühle mit. Es ist an dir zu erkennen, wann dir deine Intuition etwas mitzuteilen versucht und wann du dich auf der Ebene des Instinkts befindest. Dies erfordert eine tiefe Selbstkenntnis. Du musst in der Lage sein zu identifizieren, was dich in bestimmten Situationen triggert, also einen unbewussten Impuls auslöst, und diese Trigger von echten intuitiven Impulsen unterscheiden. Nehmen wir an, in deiner Kindheit war ein Elternteil oft abwesend. Dann könnte der Anblick einer unruhigen Person, die ständig auf dem Sprung zu sein scheint, negative Gefühle auslösen. Das ist ein Trigger, kein intuitiver Hinweis.

Ähnlich verhält es sich mit deiner Ratio: Gedanken verdrängen Gefühle und überlagern deine Intuition. Damit dich deine Intuition trotzdem zum besten Vorgehen führen kann, musst du jegliche sie überlagernden Eindrücke erkennen und herausfiltern können.

26. WAS IST SIGNAL UND WAS IST NOISE?

Deine Intuition teilt dir etwas auf diesem einen Kanal, auf dieser schwer zu findenden Nachkommastelle in einem alten Radiogerät mit, während du das Stellrad von Rauschen zu Rauschen drehst und verzweifelt versuchst, den richtigen Sender einzustellen. Schlimmer noch: Selbst wenn du den Sender gefunden hast, werden seine Nachrichten von anderslautenden Mitteilungen überlagert.

So geht es uns tagtäglich, wenn wir auf unsere Intuition hören wollen. Ein Gefühl schreit »JA!«, ein anderes »Vielleicht!«, der Kopf sagt »Nein!« und die Kollegen zucken die Schultern. Anstatt zu versuchen, zwischen dem Rauschen etwas Sinnvolles zu finden, rate ich dir deshalb, das Rauschen bestmöglich auszublenden.

»Schweigen ist die wesentliche Bedingung des Glücks.«

(Heinrich Heine, deutscher Dichter, 1797–1856)[22]

Dazu musst du dich von gewohnten Reaktionen verabschieden und jegliche Bedürfnisse ablegen. Bedürfnisse und Begierden entstammen entweder der ersten Ebene der Instinkte oder der zweiten Ebene der Vernunft.

Wenn du beispielsweise weißt, dass dir die Anerkennung anderer viel bedeutet, dann sind deine Entscheidungen immer auch von diesem Wunsch nach Anerkennung geprägt und trüben sowohl deine Ratio als auch deine Intuition. Am Pokertisch willst du eventuell das Spiel gewinnen, weil jemand Attraktives zuschaut und du glaubst, dass dich ein Sieg in deren Augen begehrenswerter macht. Das wäre ein instinktives Bedürfnis. Oder vielleicht möchtest du gewinnen, um mit dem Geld einen Helikopterflug zu buchen. Hier ist die rationale Ebene aktiv. In beiden Fällen lenken dich diese Bedürfnisse vom eigentlichen Spiel ab. Sie sind das Rauschen, der Noise, der Lärm, der das intuitive Signal überdeckt.

In der heutigen Welt, in der uns ständig eine Flut von Informationen, Meinungen und Neuigkeiten umgibt, ist es wichtiger denn je zu lernen, das wahre Signal von all dem Noise zu unterscheiden. Das Signal der Intuition ist immer zugegen, aber oft lassen wir uns von Ablenkungen leiten und denken fälschlicherweise, sie seien das Signal.

Ein hilfreicher Ansatzpunkt, um herauszufinden, was deine normale alltägliche Gefühlswelt voller Rauschen und was deine Intuition ist, findet sich in solchen Momenten, in denen eigentlich alles klar ist: Nehmen wir an, du fährst jeden Tag durch denselben Tunnel zur Arbeit und denkst gar nicht mehr über die Strecke nach, weil du sie so sehr gewohnt bist. Dann aber hast du eines Morgens plötzlich das Gefühl, dass du nicht durch diesen Tunnel fahren solltest. Warum nun? Ansonsten ist doch immer alles eindeutig.

Genau in solchen Momenten sollten bei dir die Alarmglocken schrillen. Hier macht sich deine Intuition derart deutlich, dass sie durch deinen alltäglichen Ablauf und das allgegenwärtige Rauschen bricht, um dir Wichtiges mitzuteilen. In diesen Fällen nicht auf deine Intuition zu hören, wäre irrwitzig.

**Zweifel in Momenten routinierter Sicherheit
sind Weckrufe deiner Intuition.**

Ich erlebte einen solchen Fall auf Zypern, als ich an einem für mich extrem guten Tisch pokerte: hohe Einsätze, schwache Spieler, gute Laune. Ich war in Topform, hatte bereits ein Work-out und das Abendessen hinter mir und war bereit, die gesamte Nacht gewinnbringend an diesem Tisch zu spielen. Dann aber schaltete sich bereits nach etwa zwei Stunden meine Intuition ein und machte mir deutlich, dass ich aufstehen und aufhören sollte. Ich war beinahe geschockt. Einen so guten Tisch einfach verlassen? Einen Erwartungswert von 500 oder sogar 1.000 Euro pro Stunde links liegen lassen? Aber ich weiß, dass ich meiner Intuition bedingungslos vertrauen kann. Also stand ich auf und ging. Später stellte sich heraus, dass einige Spieler am Tisch Karten markierten. Wäre ich nicht ausgestiegen und wären die Betrüger nicht aufgeflogen, hätte das Spiel an diesem Abend übel für mich enden können.

Wenn du in einer alltäglichen Situation, in der eine Handlung normalerweise außer Frage steht, plötzlich einen widersprechenden Impuls fühlst, hör auf ihn. Hätte deine Handlung keine außergewöhnlichen Folgen, hättest du sie schon ausgeführt. Dass du aber innehältst und überlegst, ist ein klares Signal deiner Intuition.

Es gibt Zeiten, in denen du dich von allem, was logisch erscheint, befreien musst, um der Intuition und ihrem wahren Signal zu folgen. Besonders in Situationen, die derart offensichtlich erscheinen, sollte es dir leichter fallen, Signal von Noise zu unterscheiden und dich von instinktiven und rationalen Bedürfnissen zu befreien. Wann immer du anfängst, über etwas nachzudenken, das klar und offensichtlich sein sollte, ist das ein Zeichen deiner Intuition.

27. INTUITION, AUFRE-GUNG ODER ANGST?

In alltäglichen und entspannten Situationen, die du schon tausendmal erlebt hast, fällt ein intuitives Signal demnach mehr auf als in ungewohnten Momenten. Insofern tritt das wahrscheinlich stärkste Rauschen, das dich von deiner Intuition ablenken kann, auf, sobald du Aufregung oder Angst verspürst. Diese Instinkte auszublenden und stattdessen auf deine Intuition zu hören, kann anfangs enorm schwierig sein. Wie kannst du sicher sein, dass das, was du fühlst, deine innere Stimme ist und nicht nur ein vorübergehendes Gefühl oder eine unerklärliche Sorge, weil du vor einer ungewöhnlichen Herausforderung stehst?

Der Schlüssel in solchen Situationen liegt darin, dich selbst hervorragend zu kennen. Wie reagierst du normalerweise in ähnlichen Lagen? Was geht gerade in dir vor?

Wenn du zum Beispiel beschließt, einen Pilotenschein zu machen, absolvierst du zuerst Theorie und Simulator. Schließlich aber kommt der aufregende Moment der ersten Flugstunde in der Propellermaschine. In diesem Augenblick sitzt du dort, auf dem Pilotensitz, und plötzlich überschwemmt dich eine Welle von Emotionen. Ist es Angst? Ist es Aufregung? Oder ist es deine Intuition, die dir sagt, dass du besser aussteigen solltest, weil sonst etwas Schreckliches passiert?

Angst ist ein mächtiges Gefühl. Sie ist die unheimliche Erwartung, dass in Zukunft etwas Negatives eintritt. Intuition kann sich ähnlich anfühlen, da sich beide auf einen ungewissen Ausgang beziehen. Insbesondere irrationale Angst – ihrem Namen gemäß nicht rational erklärbar – und Intuition sind leicht zu verwechseln. Bei lebensentscheidenden Situationen wie einer Flugstunde rate ich dir deshalb dazu, auf Nummer sicher zu gehen und dich vorerst zurückzuziehen. Solltest du wirklich zum Fliegen gemacht sein, wirst du früher oder später wiederkommen, vielleicht sogar mehrmals, bis du dich von der Angst frei gemacht hast und abhebst. Bei allen kleineren Entscheidungen kannst du es darauf ankommen lassen. Manchmal müssen wir Risiken eingehen, um wirklich zu verstehen, was uns unsere Intuition sagt.

Bevor du deine Intuition sicher verstehst, wähle bei Entscheidungen um Leben und Tod den risikoärmeren Weg.

Grundsätzlich rate ich jedem dazu, sich vom Gefühl der Angst zu verabschieden und es stattdessen mit Respekt zu ersetzen. Wenn du zum Beispiel Respekt vor der Komplexität und der Neuartigkeit des Fliegens hast, bedeutet das nicht zwangsläufig, dass du ängstlich bist. Es bedeutet, dass du die Situation und die damit verbundenen Herausforderungen anerkennst. Das erleichtert dann auch die Unterscheidung zur Intuition.

Angst lähmt die Sinne. Respekt schärft sie.

Je besser du dich und deine eigene Gefühlswelt kennst, desto leichter fällt dir die Selbstreflexion. Das bedeutet, dass du dich mit deinen eigenen Emotionen, Reaktionen und Neigungen auseinandersetzen musst.

Fürchtest du dich lediglich vor einer Situation, ohne dass deine Intuition ihre Finger im Spiel hat, dann mach dir bewusst, dass du kaum etwas zu verlieren hast. Wie oben angesprochen ist eine Entscheidung fast nie ein Abgrund, den du hinunterfällst, ohne Möglichkeit der Rückkehr. Apokalyptische Szenarien entstehen in unserem Kopf und nicht in der Wirklichkeit. Das bedeutet, dass unsere Entscheidungen oft auf vorgestellten Auswirkungen basieren und nicht auf tatsächlichen Risiken.

Wenn du jedoch merkst, dass ein Gefühl nicht zu dir passt und keine Angst ist, dann könnte es eine Form von Intuition sein, die dich warnt.

Jeder von uns reagiert anders. Was für den einen Intuition ist, könnte für den anderen bloße Aufregung oder Angst sein. Fakt ist, dass du lernen musst, deinen Gefühlen und damit auch deiner Intuition zu vertrauen.

»Den größten Fehler, den man im Leben machen kann, ist, immer Angst zu haben, einen Fehler zu machen.«

(Dietrich Bonhoeffer, lutherischer Theologe, bekannt für seinen Widerstand gegen das Nazi-Regime des II. Weltkriegs)[23]

28. AUF DIE INTUITION VERTRAUEN

Um Vertrauen in deine Intuition aufzubauen, musst du ihr zuallererst folgen. Dieser erste Schritt ist von zentraler Bedeutung – und gleichzeitig eine Herausforderung, insbesondere wenn die Intuition Vorschläge macht, die unserer Ratio entgegenlaufen. Hätte ich am scheinbar profitablen Pokertisch in Zypern nicht auf meine Intuition gehört, hätte ich mit ziemlicher Sicherheit große Verluste gemacht. Ich wusste nicht, warum meine Intuition mir sagte, ich solle aufstehen und aufhören, aber genau das liegt in der Natur der Sache: Intuitive Entscheidungen lassen sich mit der Vernunft nicht erklären. Hätte ich gesehen, dass jemand Karten markierte, wäre es eine rationale Entscheidung gewesen, nicht weiterzuspielen. Ich wusste es aber nicht, sondern folgte einer intuitiven Eingebung.

Die Intuition lässt sich nicht in beweisbare Formeln packen oder mit der Lupe inspizieren. Willst du sie nutzen, bleibt dir nichts anderes übrig, als ihr zu vertrauen.

Ihre Unbeweisbarkeit liegt darin begründet, dass deine Intuition auf einen größeren Wissensschatz und auf mehr Energiefelder zugreift, als deiner Ratio zur Verfügung steht. Du kannst dir das wie ein Smartphone im Flugmodus vorstellen: Deine Ratio ist die begrenzte Datenmenge, die der Speicherplatz auf deinem Smartphone zulässt. Deine Intuition hingegen ist die quasi endlose Datenmenge des gesamten Internets mit Zugriff auf alle angebundenen Server des Universums. Es liegt an dir, im richtigen Moment den Flugmodus auszuschalten, auf deine Intuition zuzugreifen und auf das zu vertrauen, was sie dir bietet – selbst, wenn du die fraglichen Informationen noch nie zuvor gesehen oder erlebt hast und sie sich deinem rationalen Denken widersetzen.

Dein Verstand umfasst Vergangenheit und Gegenwart. Deine Intuition umfasst Zeit und Raum.

Da sich deine Ratio durch Sprache ausdrückt, kann sie auch nur auf deinen dir eigenen Sprachschatz zurückgreifen, um sich verständlich zu machen. Dieser ist natürlicherweise begrenzt. Intuition aber braucht keine missverständlichen oder zweideutigen Wörter. Sie muss nichts erklären und läuft durch keinen Filter. Deine Intuition bringt dir Eindrücke, Impulse und Gefühle unverblümt und direkt.

Die Intuition liegt im Kern deines Seins. Sobald du die Signale erkennst und darauf vertraust, was dein Innerstes dir sagt, kannst du auf deine echte innere Weisheit zugreifen und von ihr profitieren.

»Je mehr man seiner Intuition vertraut, desto mächtiger wird man, desto stärker – und desto glücklicher.«

(Gisele Bündchen, brasilianisches Supermodel) [24]

Intuitive Impulse sind Momente, in denen wir nicht rational erklären können, warum wir etwas tun oder unterlassen sollten. Etwas fühlt sich einfach richtig oder falsch an, mitgeteilt durch ein leises Flüstern im Hinterkopf oder ein sanftes Kribbeln im Bauch, auch wenn es keinen logischen Sinn ergibt. Das Erkennen des Signals ist bereits schwierig genug, doch der eigentliche Kampf beginnt, wenn du dich dazu entscheidest, dem Signal zu folgen und deine Ratio zu ignorieren.

Sobald du auf deine Intuition hörst und ihr vertraust, versetzt dich das in die Lage, dein Leben auf eine Art und Weise zu lenken, die du dir rational nicht vorstellen kannst. Intuition setzt sich definitionsgemäß von allem Vorstellbaren ab. Wenn wir sie rational begreifen könnten, wäre sie nicht so mächtig. Durch sie erhalten wir Informationen oder Hinweise, die wir, egal wie intensiv wir nachdenken, niemals erfassen können. Es erfordert Mut, der Intuition zu folgen, besonders wenn sie dem widerspricht, was wir für richtig halten. Aber in einer Welt, in der wir ständig von Informationen bombardiert werden, ist es wichtiger denn je, auf unser Innerstes zu hören, um ein erfüllteres und authentischeres Leben zu führen.

»It is by logic that we prove, but by intuition that we discover.«

(Henri Poincaré, französischer Mathematiker und Astronom, 1854-1912)[25]

29. CHANCEN NUTZEN

Je öfter du dir erlaubst, deine Intuition zuzulassen und auf sie zu vertrauen, desto besser lernst du dich selbst kennen, sammelst Erfahrungen und findest dich besser im Leben zurecht. Mit der Zeit wirst du so dein Vertrauen in deine Intuition stärken und sie klarer wahrnehmen. Außerdem versetzt du dich in die Lage, mehr und mehr Chancen für dich zu nutzen.

Eine Chance zu nutzen bedeutet:

1. **Du spürst deine Intuition.**
2. **Du hörst auf sie.**
3. **Du vertraust ihr und dadurch dir selbst.**
4. **Du setzt den Impuls deiner Intuition um.**

Bei jedem Deal, den du schließt – mit dir selbst oder mit anderen –, kannst du auf deine Intuition zurückgreifen und solltest das auch, denn manche Chancen bestehen nur für wenige Augenblicke. Dann sind sie vorübergezogen und du musst auf die nächste Chance warten. Die Ratio braucht Zeit, die Intuition steht dir unmittelbar für eine Entscheidung zur Verfügung. Vertraust du deiner Intuition nicht ausreichend und versuchst, allein deine Ratio zu verwenden, verpasst du im Zweifel lukrative Deals.

Glücklicherweise finden sich aber stets neue Chancen und nur weil du einmal nicht auf deine Intuition gehört hast, bedeutet das nicht, dass sie danach für immer verstummt.

Nehmen wir ein einfaches Beispiel: Du diskutierst mit deiner Frau über den nächsten Urlaubsort. Deine erste Intuition sagt »Mauritius«, aber aufgrund rationaler Abwägungen verwirfst du den Gedanken. Deine Frau schlägt Mallorca vor, aber für dich fühlt sich das nicht richtig an – deine Intuition meldet sich wieder. Jedoch ignorierst du deine Intuition, gibst nach, weil das einfacher erscheint, und ihr fliegt nach Mallorca in den Urlaub. Zwar wirst du niemals wissen, welche Chancen du auf Mauritius verpasst, aber das bedeutet nicht, dass keine weiteren Chancen auf dich warten. Auch auf Mallorca wird sich deine Intuition immer wieder melden und dir den bestmöglichen Weg vorgeben. Auch dann wirst du Augenblicke erleben, in denen du spürst, dass etwas anders ist, dass dich etwas Unbekanntes aus deinem Inneren heraus antreibt.

Das mag sich alles nach trivialen Entscheidungen anhören, aber es verdeutlicht, wie Ratio, Intuition und Umwelt deine Entscheidungsprozesse zu jeder Zeit beeinflussen. Es macht außerdem klar, dass es nie zu spät ist, Chancen umzusetzen. Je mehr Chancen du dank deiner Intuition nutzt, desto erfolgreicher wirst du und desto erfüllender verläuft dein Leben. Das bedeutet, es ist nie zu spät anzufangen, auf deine Intuition zu hören, Chancen wahrzunehmen und die besten Deals deines Lebens zu entdecken. Jede neue Chance bringt dir eine weitere Gelegenheit, deine Intuition zu trainieren und dein Ohr für deine innere Stimme zu schärfen.

30. DIE INTUITION TRAINIEREN

Du weißt bereits, dass du dich zuerst selbst kennen musst, um zwischen den Signalen deiner Intuition und dem Noise um dich herum zu unterscheiden. Differenziere zwischen den verschiedenen Gefühlslagen und verbringe Zeit mit Selbstreflexion. Wie fühlst du dich in vergleichbaren Situationen? Ist dieses Mal etwas anders? Folgst du gerade einem Trigger, deiner Veranlagung oder deiner inneren Stimme?

Um es einfacher zu machen, lege ich dir folgende Vorgehensweise nahe:

1. Trial-and-Error

So wie während der Suche nach den besten Deals kannst du das Trial-and-Error-Prinzip auch für die Suche nach deiner inneren Stimme nutzen. Folge dem nächsten Impuls, den du fühlst. Angenommen, du spürst den Drang, in einen neuen Dönerladen zu gehen, obwohl du deinen Stammladen bereits hast. Was kann schon schiefgehen? Im schlimmsten Fall schmeckt dir der Döner nicht und beim nächsten Mal gehst du wieder zur anderen Bude. Im besten Fall entdeckst du deinen neuen Lieblingsdöner oder machst den Deal deines Lebens.

2. Aufmerksamkeit

Während du deinem Impuls folgst, halte alle deine Sinne offen für neue Erfahrungen oder weitere Impulse. In dem Dönerbeispiel mag es nicht um das Essen gehen, sondern vielleicht leitet dich deine Intuition zu einem neuen Ort, um dort jemanden kennenzulernen. Oder eventuell brauchst du nur einen ruhigen Moment auf der Parkbank mit einem Döner in der Hand, um auf eine bahnbrechende Idee zu kommen. Was es auch ist, bleib aufmerksam, um weiteren Signalen zu folgen.

3. Lerneffekt

Reflektiere anschließend das Erlebnis und seine Auswirkungen auf dein weiteres Tun. Hat sich etwas Positives für dein Leben ergeben? Dann war aller Wahrscheinlichkeit nach deine Intuition für den Impuls verantwortlich. Fühlst du dich nach dem etwas zu fettigen Döner träge und auch sonst sprang nichts für dich heraus? Dann bist du eventuell deinem Instinkt auf den Leim gegangen, der seiner Nase für Essen folgte.

Der Punkt ist: Um deine Intuition zu trainieren, musst du deine Gefühle ergründen und dir selbst erlauben, diese inneren Impulse zu verfolgen und zu sehen, wohin sie dich führen. Mit der Zeit wirst du lernen, welche Impulse dir nützen und welche du ignorieren kannst. Fang klein an, nicht zu risikoreich, aber fang vor allem an. Schenk deinen Gefühlen Gehör und sieh, was passiert.

**Such dir klare Pools, keine Haifischbecken,
aber dann spring ins kalte Wasser.**

Sobald du anfängst, deiner Intuition zu vertrauen, dient sie dir als leitender Kompass in deinem Leben. Dann ist es faszinierend, wie die einfache Entscheidung, deiner Intuition zu folgen, eine Kette von Ereignissen auslösen kann, die dein Leben in völlig neue Bahnen lenken. Selbst die einfache Entscheidung, einen neuen Dönerladen auszuprobieren, kann den Unterschied für dich machen. Vielleicht begegnest du dem

Besitzer des Dönerladens eines Tages wieder und kaufst sein Ladengeschäft oder schließt eine andere Art von bedeutungsvollem Deal ab, nur weil du an jenem Tag beschlossen hast, dort hinzugehen. Unterschätze nie die langfristige Wirkung echter Intuition.

31. AUS INTUITION EINEN GUTEN DEAL ERKENNEN

Das mag nun alles ein wenig abstrakt klingen, aber tatsächlich ist es deine Intuition, die dich zu den besten Deals führt.

Meist stellt sich die Intuition unmittelbar ein, wenn du dich zum ersten Mal mit einem Deal auseinandersetzt, allerdings kann es schwierig sein, sie direkt wahrzunehmen. In der Folge wird sie von rationalen Gedanken verdrängt. Um trotzdem noch zu erkennen, was mir meine Intuition über einen Deal mitteilen will, folge ich daher einer einfachen Herangehensweise:

Wann immer du mit einem größeren Deal, zum Beispiel einem Immobiliendeal, konfrontiert wirst, schreib dir eine Liste mit Pro- und Kontra-Argumenten auf, die für oder gegen den Deal sprechen. Dann gib dir Zeit, atme durch und lass los. Tu etwas vom Deal komplett Unabhängiges, bis die anfängliche Intuition von allein wiederkommt, vielleicht während einer ruhigen Minute im Garten, in der Sauna oder beim Schwimmen im Meer. Diese Momente der Klarheit, in denen die Intuition durchscheint, sind unbezahlbar.

Vor allem, wenn der erste Moment verstrichen ist und deine Gedanken deine Intuition überlagerten, wird dir diese Herangehensweise helfen. Sobald sich deine Intuition zu einem späteren Zeitpunkt wieder bemerkbar macht, nimm sie wahr und vergleich sie mit deiner Pro-und-Kontra-Liste. Nehmen wir an, deine Liste enthält deutlich mehr Kontra- als Pro-Punkte, du wirst aber das Gefühl nicht los, dass es ein guter Deal für dich ist – dann folge diesem Gefühl und damit deiner Intuition. Genauso andersherum: Enthält deine Liste mehr Pro-Punkte, du hast aber kein gutes Gefühl bei der Sache, lass lieber die Finger davon.

Abwägung:

Auf einer Waage, auf der nur die rationalen Aspekte gelten, überwiegt die Seite mit den besseren Argumenten.

Auf einer Waage, die die schwerwiegende Weisheit deiner Intuition einbezieht, kann das Ergebnis anders aussehen.

Ein persönliches Beispiel hierzu: Ich habe die Möglichkeit, meine bislang größte Immobilie im Osten Deutschlands, fernab meiner gewohnten Umgebung, zu erstehen. Meine Pro-und-Kontra-Liste strotzt vor Gegenargumenten – schlechte Anbindung, unsichere Datenlage, schwierige Mieterstrukturen und vieles mehr. Trotzdem lässt mich die Idee nicht los. Wieder und wieder, in völlig unabhängigen Situationen, schweifen meine Gedanken zurück zu dieser Immobilie und alles fühlt sich so seltsam richtig an.

Hätte sich meine Intuition nicht eingeschaltet, hätte ich diesen Deal schon lange beiseitegelegt. Aber ich weiß, dass ich meiner Intuition vertrauen kann, und werde ihr auch in diesem Fall folgen, auch wenn mein rationaler Verstand dagegen rebelliert. In ein paar Monaten werde ich vielleicht bereits rational sagen können, ob sich der Deal gelohnt hat oder nicht – aber intuitiv weiß ich jetzt schon, dass er positiv für mich ausgehen wird, auf welche Weise auch immer.

»I've learned that whenever I decide something with an open heart, I usually make the right decision.«

(Maya Angelou, Schriftstellerin, Professorin und Bürgerrechtlerin, 1928–2014)[26]

Hast du einmal damit angefangen, deine Intuition zu trainieren und auf sie zu hören, leitet sie dich in allen Lebenslagen. Plötzlich weißt du intuitiv, welche Deals für dich die lukrativsten sind und von welchen du besser die Finger lassen solltest. Intuition ist dein innerer Kompass. Sie signalisiert dir, ob du dich in eine bestimmte Richtung bewegen solltest oder nicht. Dank deiner Intuition kannst du aus einem guten Deal einen exzellenten machen oder aus einer scheinbar schlechten Situation eine Goldgrube.

Deine Intuition warnt dich aber auch, wenn ein Deal nichts Gutes für dich und dein Leben bereithält. Deine Intuition ist deiner Ratio deshalb meilenweit voraus, da sie nicht nur rationale Aspekte wie finanziellen Gewinn oder Ansehen berücksichtigt, sondern deine gesamte Lebenssituation einbezieht. So leitet sie dich immer zu den für dich besten Deals, selbst wenn es auf den ersten Blick nicht den Anschein hat. Sie kann dich auf Pfade führen, die dein rationaler Verstand nie in Betracht ziehen würde, und genau diese Pfade sind der schnellste Weg zur Erfüllung deiner Träume.

Der Kern eines guten Deals liegt nicht immer in Zahlen, Fakten oder Analysen. Interessanterweise liegt er auch nicht in althergebrachten Methoden und Meinungen. Ich habe zum Beispiel immer den Standpunkt vertreten, in Ostdeutschland keine Immobilien zu kaufen. Zu viele Investoren haben sich hier schon die Finger verbrannt. Kommt aber meine Intuition ins Spiel, weiß ich, dass sie mächtiger ist als meine vorgefassten Glaubenssätze. Wenn sie mich zu einem Objekt im Osten leitet, habe ich vollstes Vertrauen in ihre Richtigkeit und ändere meine bisherige Meinung bereitwillig.

Selbst wenn du im ersten Moment nicht auf deine Intuition gehört hast, gibt sie nicht so leicht auf. Sie kehrt zurück, oft in Momenten, in denen du am wenigsten damit rechnest. Dieser Moment, in dem das anfängliche Gefühl zurückkommt, ist eine klare Bestätigung, dass deine Intuition noch immer den gleichen Weg vorschlägt.

Das muss nicht immer der Fall sein. Es kommt vor, dass sich Gegebenheiten ändern und sich ein Deal, den dir deine Intuition anfänglich noch nahelegte, nach sechs Monaten Verhandlung nicht mehr richtig anfühlt. Dann ist es auch hier wichtig, Vertrauen in deine Intuition zu haben, tief in dich hineinzuhören und dem zu folgen, was dir dein Innerstes sagt. Es scheint, als änderte die Intuition ihre Meinung, aber in Wirklichkeit ist es nur eine tiefere Ebene der Intuition, die sich bemerkbar macht. Oder aber du hast bereits erreicht, wohin dich deine Intuition leiten wollte, und der nächste Schritt ist nicht der finale Abschluss des Deals, sondern führt in eine andere Richtung. Es ist wichtig, nicht nur auf die ersten Impulse deiner Intuition zu hören, sondern auch auf alle nachfolgenden. Natürlich ist es auch hier eine Kunst, die feinen Unterschiede zwischen dem zu erkennen, was deine Intuition dir mitteilt, und dem, was dir deine Gedanken weismachen wollen.

Jeder Deal hat intuitive Zwischenschritte:

**Ja Ja Ja Ja Ja Ja Ja Ja Ja Ja Ja Ja –
bis hin zum Abschluss.**

**Ja Ja Ja Ja Ja Ja Nein –
dann steigst du vor dem Abschluss aus.**

Jedes Mal, wenn du auf deine Intuition hörst, stärkst du dein Vertrauen in deine innere Stimme und wirst routinierter darin, zunehmend bessere Deals für dich abzuschließen. Anstatt gesellschaftliche Folgen zu fürchten, weißt du, dass die negativen Auswirkungen oder verpassten positiven Effekte, die auftreten, wenn du nicht auf deine Intuition hörst, deutlich gravierender ausfallen. Indem du bei jedem Deal und jedem Zwischenschritt auf deine Intuition hörst, hilft sie dir, aus jeder Lage das Bestmögliche für dich herauszuholen, und erlaubt dir auch, eine langfristige Vision aufzubauen.

32. AUS INTUITION EINE VISION ENTWICKELN

Deine Intuition leitet dich nicht nur im Hier und Jetzt und bei gegenwärtigen Deals. Indem sie auf zukünftiges Wissen zugreift, das deinem Verstand jetzt noch nicht vorliegt, kannst du aus deiner Intuition heraus auch eine Vision für die nächsten Jahrzehnte entwickeln.

Eine Vision gibt dir Richtung und Zweck. Sie ist der Traum deines Lebens, ein noch nicht fertig gezeichnetes Bild all dessen, was du gern erreichen möchtest. Allerdings musst du berücksichtigen, dass Visionen nicht in Stein gemeißelt sind. Eine Vision, die du jetzt entwickelst, ist in einer Stunde eine Stunde alt. Morgen zur gleichen Zeit ist sie bereits einen Tag alt und in einem Jahr vielleicht schon völlig überholt. Visionen können und sollten sich weiterentwickeln, da sich auch dein Umfeld und deine Erfahrungen verändern.

Reflektiere deine Vision regelmäßig und stimme sie mit deiner Intuition ab. Fühlt sie sich noch richtig an? Wenn du dich mit derselben Vision gut fühlst, gratuliere ich dir zu einem Lebensstil, mit dem du auf dem richtigen Weg bist. Falls du aber an deiner Vision zweifelst, ist das Wichtigste, offen für Veränderungen zu sein und dir die Fähigkeit zu bewahren, eine aktuellere Version deiner Vision zu ergründen.

Deine Vision ist ein Leitstern, eine übergeordnete Richtung und ein Endziel. Deine Intuition hingegen ist der innere Kompass, der dich immer neu auf diesen Leitstern hin ausrichtet und dir mitteilt, wenn es Zeit ist, zu einem anderen Stern zu wechseln.

Insbesondere für junge Menschen kann es schwierig sein, sich auf eine Vision festzulegen. Sie kennen sich selbst noch nicht gut genug und sind oft noch damit beschäftigt, überhaupt herauszufinden, was sie vom Leben wollen. Für sie ist es besonders hilfreich, sich Folgendes klarzumachen:

> **Du brauchst keine Vision,**
> **solange du noch auf der Suche bist.**
> **Du brauchst lediglich die Vision,**
> **eines Tages eine Vision zu haben.**

Diese Vision sollte dich bestenfalls zu deiner Leidenschaft führen. Auf diese Weise umschiffst du die Untiefen, die sich in unserer Gesellschaft schnell auftun, und zwar das Streben nach materiellen Zielen und der Wunsch nach finanziellem Reichtum. Derlei Visionen sind unter jungen Menschen allzu verbreitet, bedienen aber nicht zwingend das oben erläuterte Warum, das heißt, sie führen nicht unbedingt zu einem erfüllenden Leben. Um das noch deutlicher zu machen, lass mich dir eine kleine Übung vorstellen, die ich selbst oft praktiziere:

1. **Frag dich, was du erreichen möchtest. Was ist deine Vision?**

2. **Dann frag dich, ob du es immer noch willst, wenn niemand davon erfahren würde.**

So erkennst du, was wirklich in dir brennt und welche Vision nur ein Ergebnis gesellschaftlicher Konditionierung ist. Ein

Freund von mir gab mir einst ein perfektes Beispiel dafür: Er war immer von Autos besessen, wollte schnellere, teurere und seltenere Autos kaufen und keines war ihm gut genug – bis er erkannte, dass es nicht die Autos waren, die er wirklich wollte, sondern die Anerkennung, die sie repräsentierten. Gleichzeitig wusste er aber, dass seine größte Leidenschaft und sein Warum das Konzept der persönlichen Freiheit waren. Anerkennungssucht und Freiheit aber vertragen sich nicht. Solange er nach Anerkennung strebte und Entscheidungen aufgrund seines Statusbedürfnisses fällte, war er nie wirklich frei. Und so wurde der Tag, an dem er mit dem Fahrrad zu einem Notartermin fuhr, zum Symbol seiner wahren Freiheit.

Wahre Freiheit ist die Kontrolle über deine Zeit, dein Umfeld, deine Tätigkeiten und die Möglichkeit, deine eigenen Regeln aufzustellen.

Anstatt blind gesellschaftlichen Normen zu folgen, sollten wir lernen, auf unsere innere Stimme zu hören. Sie hilft uns, unsere echten Leidenschaften und unsere Vision zu entdecken. Wenn du, anstatt auf deine Intuition und Leidenschaft zu hören, zuerst versuchst, möglichst schnell an finanziellen Reichtum zu gelangen, dann wähnst du dich vielleicht auf der Überholspur – musst aber über kurz oder lang erkennen, dass du einen Umweg eingeschlagen hast und vor einer Vollsperrung endest. Dann heißt es, umkehren und zeitaufwendig von vorn anfangen. Hörst du stattdessen von Anfang an auf deine Intuition, leitet sie dich auf den richtigen Weg zum Erfolg, ohne in eine Sackgasse zu führen.

Die Angst, mit etwas nicht genug Geld zu verdienen, sollte immer hintenanstehen. Wenn du mit Leidenschaft deiner von der Intuition vorgegebenen Vision folgst, wird sich das Thema Geld von allein ergeben oder nicht wichtig für dich sein. Denn wer auf seine Intuition hört, kann mit einem komplett neuen Level an Enthusiasmus und Überzeugung von einer Sache sprechen. Dank deiner Intuition weißt du, dass du richtigliegst. Einen besseren Antrieb gibt es kaum. Dann bist du Feuer und Flamme für etwas und steckst andere mit deinem Funken an. Meinungen, Situationen und Visionen ändern sich, aber dank deiner Intuition bist du jedes Mal perfekt aufgestellt und weißt, wohin du dich wenden musst. Auf diese Weise gibt dir deine Intuition eine Richtung vor. Du musst dann nur noch aktiv werden und die ersten Schritte tun.

»I'm not a big planner; I decide by intuition.«
(Ich bin kein großer Planer; ich entscheide nach Intuition.)

(Bastian Schweinsteiger, ehemaliger deutscher Profifußballer)[27]

33. JEDER KANN AUF DAS FUNDAMENT SEINER INTUITION BAUEN

Jung und Alt – jeder von uns hat diese intuitive Fähigkeit, die richtigen Entscheidungen zu treffen. Es liegt an uns, diese Fähigkeit zu kultivieren und zu nutzen.

Wenn ich mit anderen über Intuition spreche, höre ich immer wieder den Einwand, dass jemand keine Intuition habe. Dabei nutzen diese Menschen ihre Intuition lediglich nicht aktiv. Viele alltägliche Handlungen basieren auf Intuition, aber weil sie so routinemäßig ablaufen, nehmen wir sie einfach hin und verbinden sie nicht mit einer besonderen Fähigkeit oder Eingebung. Die Intuition weist jedem von uns den richtigen Weg und wir entscheiden uns tagtäglich intuitiv und auf Grundlage unseres Bauchgefühls – wir machen uns das nur nicht bewusst.

Der erste Schritt ist daher die Erkenntnis, dass auch in dir die Stimme deiner Intuition am Werk ist. Sie ist das Fundament, die Basis, auf der dein Leben aufbaut. Wer nicht auf seine Intuition hört, trifft Entscheidungen, die für dieses Fundament nicht vorgesehen sind. Folgst du nur der Ratio oder dem Instinkt, baust du dir etwas auf, das weder stabil noch lohnenswert ist, und musst früher oder später wieder auf das Fundament zurückbauen – wenn nicht alles bereits vorher in sich zusammenfällt.

Menschen, die zu oft die falschen Entscheidungen getroffen und die falschen Deals geschlossen haben, fangen an, an ihrem Fundament zu zweifeln. Sie erkennen nicht, dass sie nicht ihrer Intuition, sondern lediglich Ablenkungen gefolgt sind. Sobald sie aber verstehen, dass sie sich auf ihre Intuition immer und zweifelsfrei verlassen können, bauen sie sich etwas auf, das zu ihrem Fundament passt und auch in unruhigen Zeiten bestehen bleibt.

Vertrau dem Fundament deiner Intuition und errichte darauf ein Hochhaus guter Deals.

Schau dir zum Beispiel Skateboard-Legende Tony Hawk an, einen Mann, der sich seines Fundaments bewusst war, immer seiner Intuition gefolgt ist und Deal um Deal darauf aufgebaut hat: Als Junge begann er mit dem Skateboarden, als es noch keine Profiszene dafür gab. Doch er spürte, dass es das Richtige für ihn war, und folgte diesem Gefühl. Mit jeder neuen Entscheidung folgte er seiner Leidenschaft und zweifelte seine Intuition nie an. Er designte Schuhe, Skateboards und brachte sogar eines der meistverkauften Computerspiele aller Zeiten heraus. Er nutzte clever die verschiedenen Chancen, die sich ihm boten. Seine Intuition machte ihn letztendlich zum besten Skateboarder der Welt und gleichzeitig zum Milliardär.

»I love the fact that there is now a skate park in almost every city, but it will always have a rebellious, underground edge to it because it is based on individuality.«

(Tony Hawk, Pionier des professionellen Skateboardings)[28]

Auch deine Intuition ist immer für dich da. Du kannst wortwörtlich auf sie bauen und sie wird dir helfen, die höchsten Höhen zu erreichen. Manchmal musst du eventuell einen Schritt zurückmachen, um zwei Schritte nach vorn zu gehen, doch das Wichtigste ist, sich darauf zu verlassen, dass dich dein Fundament immer unterstützen wird.

Überlege, was es ist, das du wahnsinnig gern tust und zu dem du immer wieder zurückkehrst. Das ist ein perfekter Ansatz dafür, zum Fundament deiner Intuition vorzudringen. Denn um deiner Intuition zu folgen, musst du weder gebildet noch clever und schon gar nicht hochintelligent sein. Nicht umsonst nennt sich deine Intuition »Bauchgefühl« und nicht »Kopfgefühl« – was allerdings nicht bedeutet, dass dir deine Ratio in Kombination mit deiner Intuition nicht ebenso hervorragende Dienste leisten kann.

34. INTUITION MIT LOGIK KOMBINIEREN

Es geht darum, ein Verständnis dafür zu entwickeln, welche Ebene deines Seins welche Rolle bei deiner Entscheidungsfindung einnimmt. So wie du den Ausguck eines Schiffes nicht in den Maschinenraum schicken würdest und den Maschinisten nicht in den Masttopp, so solltest du auch deinen Instinkten keine Narrenfreiheit geben, wenn es um Lebensentscheidungen geht. Wie du mittlerweile weißt, macht deine Intuition hier einen deutlich besseren Job.

Deine Ratio ist nicht dazu da, dir den grundsätzlichen Weg zu weisen. Das ist alleinige Aufgabe deiner Intuition. Ratio und Logik richten sich nach dem Wissen, das du besitzt und das du in den allermeisten Fällen durch Input von außen erlernt hast. Das bedeutet automatisch, dass viele erlernte Konzepte nicht für dich funktionieren werden, selbst wenn sie für andere wirken. Ein Konzept muss sich für dich persönlich richtig anfühlen, dann ist es auch das Richtige für dich.

Eine Schritt-für-Schritt-Anleitung zeichnet stets die Schritte nach, die andere gegangen sind – nicht zwingend die Schritte, die du gehen solltest.

Am Ende musst du deinem eigenen Pfad folgen, auch wenn das bedeutet, dich gegen die vorherrschende Meinung zu stellen. Lass deine Intuition die richtige Richtung für dich weisen. Erst im Anschluss an die intuitive Entscheidung kommen die Ratio und die ihr inhärente Logik zum Tragen, und zwar bei der Beschreitung des vorgegebenen Wegs.

Wenn dir deine Intuition mitteilt, dass du Tennis spielen sollst, dann kannst du zum Tennisplatz gehen, dir einen Trainer suchen und mithilfe deines Verstandes, deiner Ratio, alles über Vorhand, Rückhand, Volley und Schmetterball lernen. Eine rein rationale Grundentscheidung wäre, wenn du auf den Tennisplatz gehst, dir alles über Tennis beibringen lässt und dann intuitiv merkst, dass du eigentlich lieber Hockey spielst.

Intuition und Ratio können sich dabei auch abwechseln und gegenseitig ergänzen. Stell dir vor, deine Intuition bringt dich zum Spielen auf den Fußballplatz. Dank deiner Intuition weißt du, an welcher Position du am besten aufgehoben bist, und anschließend hilft dir deine Logik dabei, die technische Finesse des Fußballspielens aufzubauen. Ganz am Schluss, beim eigentlichen Spiel hilft dir wiederum deine Intuition, sekundenschnell die richtigen Entscheidungen zu treffen und die passenden Spielmanöver durchzuführen, die du dank deiner Logik zuvor verinnerlicht hast. So bestärken sich Intuition und Logik gegenseitig.

Lass mich das noch näher veranschaulichen: Ein guter Freund von mir rief mich an und bot mir ein einzigartiges Grundstück zum Kauf an – auf Bali. Bis dahin hatte ich rein gar nichts mit Bali zu tun, hatte nie daran gedacht, dort zu investieren, geschweige denn etwas aufzubauen. Allerdings setzte unmittelbar nach dem Anruf meine Intuition ein und machte mir klar, dass hier ein genialer Deal auf mich wartete. Ich kaufte das Grundstück, baute eine Villa und schuf einen Ort, an dem sich wie aus dem Nichts nun VIPs und andere beeindruckende Persönlichkeiten aufhalten wollen. Eine solche Entwicklung hätte ich anfangs niemals voraussehen können, aber meine Intuition wusste bereits, wohin mich dieser Weg leiten würde. Wenn auch du wissen möchtest, wohin mich die Reise führte, dann schaue auf: www.bondbali.com.

www.bondbali.com

Als der Anruf kam, war meine Intuition eindeutig: »Flieg nach Bali und sieh es dir an.« Die Logik setzte erst im Anschluss ein und organisierte den Flug und die Unterkunft. Wäre ich der Logik von Anfang an gefolgt, hätte ich wahrscheinlich eine günstigere und nähere Option gewählt, die nicht dem ursprünglichen Impuls entsprach, und wäre beispielsweise nach Sizilien geflogen.

Gute Entscheidungen können durch rationale Fähigkeiten konkretisiert, nicht aber getroffen werden. Das mag vielleicht abstrakt klingen, aber genau diesen Fehler machen Menschen immer wieder: Sie hören ihre Intuition, entscheiden dann aber auf Basis der Ratio. Es ist leicht, von der Logik verführt zu werden. Sie bietet oft die scheinbar einfachsten und geradlinigsten Lösungen. Sie kann aber nicht in die Zukunft blicken, sondern basiert immer nur auf dem Wissen, das du zum Zeitpunkt der Entscheidung besitzt. Nur deine Intuition weiß, was das Beste für dich ist, auch wenn das keinen logischen Sinn ergibt.

Deine Intuition weist dir den Weg.
Deine Logik hilft dir dabei, diesen Weg zu beschreiten.

Als ich nach Bali flog, wusste ich noch nicht, wie ich die Idee finanziell umsetzen würde, folgte ihr aber trotzdem. Ich will dich hier nicht zu rücksichtslosem oder halsbrecherischem Tun ermuntern. »Nach mir die Sintflut« ist nicht zwingend die gesündeste Handlungsgrundlage. Was ich dir nahelege, ist, deiner Intuition zu vertrauen und im Anschluss auf deine Ratio zurückzugreifen, um mit ihr die Feinheiten zu klären. Dann ergibt sich alles Weitere von selbst. Das ist die beste Kombination von Intuition und Ratio: Deine Intuition gibt dir vor, wohin du dich wenden sollst, und die Ratio stellt die Logistik auf die Beine, um dorthin zu gelangen.

»If someone offers you an amazing opportunity but you are not sure you can do it, say yes – then learn how to do it later!«

(Richard Branson, britischer Unternehmer, Gründer der Virgin Group)[29]

In ihrer Kombination sind die verschiedenen Ebenen deines Seins unschlagbar: Instinkte halten dich am Leben, die Ratio bringt dich voran und die Intuition gibt die Richtung vor. Deine Logik bietet dir eine Struktur, durch die du Entscheidungen umsetzen kannst, aber sie sollte nie die dominante Stimme bei der Entscheidung selbst sein. Ansonsten enden Entscheidungen schnell im Desaster – eine Erfahrung, die auch ich machen musste.

35. WENN ES SICH NICHT GUT ANFÜHLT, WIRD ES ZUM DESASTER

 »Trusting our intuition often saves us from disaster.«

(Anne Wilson Schaef, US-amerikanische Psychotherapeutin)[30]

Schon als kleiner Junge war ich vernarrt in Fußball. Fast jeden Tag spielte ich mit meinen Freunden auf dem Sportplatz, der nur wenige Meter von meinem Elternhaus entfernt war. Ich lebte für den Fußball und nichts konnte meine Begeisterung dämpfen. Dank meiner Leidenschaft wurde ich schnell der beste Jungspieler in meiner Gegend. Da überrascht es nicht, dass mir eines Tages ein scheinbar goldenes Angebot gemacht wurde.

Ich sollte zu einem größeren, bekannteren Verein wechseln, der international in der höchsten Jugendliga spielte und in dem ich die Chance hätte, Profifußballer zu werden. Ich stand vor einer großen Entscheidung: Einerseits verspürte ich den Hunger nach Erfolg und liebte Fußball über alles, andererseits war ich meinen Freunden und meinem Heimatort stark verbunden. Meine Intuition war damals nur eine leise nagende Ahnung, dass der Schritt hinaus in die Welt noch nicht der richtige für mich war, aber ich war jung und unbedarft und entschied mich für den Wechsel zum größeren Verein.

Mein Spiel im neuen Verein stand von Anfang an unter keinem guten Stern. Wo ich zuvor der Star in meinem kleinen Ort gewesen war, wurde ich nun zur Randfigur in einer viel größeren Maschinerie und konnte aus Angst, Nervosität und vielen anderen Gründen nur auf einen Bruchteil meines eigentlichen Potenzials zugreifen. Meine Welt geriet aus den Fugen. Anstatt das Spiel zu genießen, das ich so liebte, fühlte ich mich überfordert und verloren.

Bei meinem Vereinswechsel hatte ich nicht verstanden, dass es mir gar nicht darum ging, der beste Profifußballer zu werden, sondern einfach nur darum, nach der Schule mit meinen Freunden zusammen zu kicken. Ich war von der heilen Welt in die Katastrophe geschlittert.

Schließlich setzte mein Körper dem Trauerspiel ein Ende: Ich bekam eine heftige Grasallergie, die mich dazu zwang, meine Fußballkarriere zu pausieren. Mehrere Jahre lang konnte ich nicht mehr auf dem Platz stehen. Es dauerte einige Zeit, bis ich die Puzzleteile in meinem Kopf zusammensetzte, aber heute bin ich davon überzeugt, dass diese Allergie eine physische Manifestation meiner inneren Turbulenzen war. Ich hatte mich von vermeintlichen Chancen blenden lassen, anstatt auf mein Herz und meine Intuition zu hören, und mich dadurch selbst aus der Bahn geworfen.

Die scheinbar goldene Gelegenheit führte mich zum persönlichen Desaster.

Heute weiß ich es besser und folge meiner Intuition vor allem anderen. Entscheidungen müssen sich für mich gut anfühlen, ansonsten sind sie nicht zielführend. Wenn mir meine Intuition zum Beispiel davon abgeraten hätte, meinem Freund nach Bali zu folgen, ich es aber trotzdem getan hätte, dann will ich nicht wissen, was auf Bali passiert wäre.

Egal in welcher Lage du dich befindest, vergiss nie, in dich hineinzuhören und dich zu fragen, was wirklich wichtig ist und was dir deine Intuition rät. Es geht nicht darum, der Beste zu sein oder die nächste große Chance zu ergreifen, die sich dir bietet, wenn sie sich nicht richtig anfühlt. Denn dann wird sie dich nicht glücklich machen. Genauso wirst du kein erfüllendes Leben führen können, wenn du die Signale deiner Intuition ignorierst, die dich woanders hinleiten wollen, als du gerade bist. Manchmal musst du aus deinem gewohnten Umfeld ausbrechen und deinem Bauchgefühl folgen, um dein volles Potenzial ausleben zu können. Folge deiner Intuition – sie weiß am besten, was richtig ist.

»Some people don't like change, but you need to embrace change if the alternative is disaster.«

(Elon Musk, weltweit erfolgreicher Unternehmer und Multimilliardär)[31]

36. WIE HÖRE ICH AUF MEINE INTUITION?

Als junger Fußballspieler konnte ich die Komplexität meiner Entscheidung noch nicht richtig einschätzen und wusste noch nicht, wie wichtig mein Bauchgefühl für ein erfüllendes Leben ist. Heute weiß ich es besser und nach allem, was ich dir bis hierhin erläutert habe, kennst auch du nun viele Gründe, warum du auf deine Intuition hören solltest. Vielleicht fehlt dir jetzt aber noch der letzte Ansatzpunkt, die praktische Denkweise, um besser zu verstehen, wie du auf deine Intuition hörst.

Insbesondere wenn dich deine Intuition in Richtungen lenken will, die für deine Ratio keinen Sinn ergeben, kann es schwer sein, dich auf sie einzulassen. Dann möchte ich dir aber eines nahelegen: Im Grunde sind wir alle intuitive Wesen. Menschen sind nicht rational, sonst würde Marketing nicht funktionieren, wie es funktioniert. Wir kaufen Dinge, die wir nicht brauchen, und tun ständig Dinge, die keinen rationalen Sinn ergeben.

Wenn wir also von Natur aus bereits auf Intuition getrimmt sind, warum sie dann nicht kultivieren und zu unserem Vorteil einsetzen? Genau das tat ich, als ich vor anderthalb Jahren in der Hochphase des Marktes eine Immobilie in Saarbrücken kaufte. Viele rieten mir vom Standort ab, aber meine Intuition war stärker. Nun sitze ich vor Excel-Berechnungen, die noch immer dagegensprechen und eine finanzielle Katastrophe prophezeien, aber ich weiß, dass in den Tabellen ein Fehler enthalten sein muss, denn meine Intuition liegt immer richtig.

Es ist nicht immer leicht, standhaft zu bleiben, auch wenn mich meine Intuition noch nie enttäuscht hat, denn andere fühlen nicht das Gleiche wie ich. Ich kann nicht zur Bank gehen und auf Basis meiner Intuition eine Finanzierung anfragen. Ich muss rationale Gründe liefern können. Auch hier brauche ich also die Kombination aus Intuition und Ratio, um zu dem gewünschten Ergebnis zu gelangen. Solange mir meine Intuition sagt, dass ich auf dem richtigen Weg bin, weiß ich, dass meine Ratio eine Möglichkeit finden wird, wie ich das Ziel erreiche.

Einmal erreicht, ergeben die verschiedenen Schritte dann auch für die Ratio alle Sinn, Investitionen zahlen sich aus und die Bank muss nichts bereuen. Das ist aber eine Betrachtungsweise von der Zukunft aus auf das Jetzt. Du musst in deinem Jetzt die ersten Schritte tun – und in welche Richtung die führen sollen, weiß nur deine Intuition.

**In die Vergangenheit blickend
lässt sich alles rational erklären,
aber die Intuition blickt in eine unbekannte Zukunft.**

Im oben genannten Fall der Immobilie in Saarbrücken wird meine Intuition mir wahrscheinlich dabei helfen, meine Ratio zu verbessern, indem sie sie eines Besseren belehrt und die Fehler in der Excel-Tabelle findet. Selbst wenn jetzt noch alles gegen die erfolgreiche Vermarktung dieses Objekts spricht, weiß ich, dass meine Intuition recht hat. Denn Menschen sind wie gesagt nicht rational. Die normalen, rationalen Mietpreise mögen meine Kostenkalkulation nicht unterstützen, aber was, wenn ich dank der richtigen Vermarktung deutlich mehr verlangen kann? Du weißt nie, wie Menschen auf etwas reagieren werden – aber deine Intuition schon.

Es gibt Momente, in denen alle äußeren Umstände – Zeit, Ort, sogar Staumeldung oder Wettervorhersage – dagegensprechen, deiner Intuition zu folgen. Aber wenn du es trotzdem tust, öffnen sich dir Türen, von denen du gar nicht wusstest, dass sie existieren.

Am Anfang musst du es einfach wagen und auf dein Bauchgefühl hören. Mit jeder positiven Erfahrung, bei der deine Intuition recht behält, wächst dein Vertrauen in sie und es schärft sich dein Gehör für diese innere Stimme. Vor jeder Entscheidung nimm dir die Zeit, deine Beweggründe zu erforschen, und nach jeder Entscheidung reflektiere, wohin dich ein Deal gebracht hat. Es ist dieser Prozess des In-sich-Gehens, der dir dabei hilft, deine Intuition besser zu verstehen und sie mehr und mehr in deine Entscheidungsprozesse zu integrieren. Glaub mir, du wirst es nicht bereuen. Es gibt nichts Befriedigenderes, als zu wissen, dass man auf seine innere Stimme gehört hat und sie richtiglag.

37. UPSWING

Hast du erst einmal die Aufwärtsspirale deiner Intuition in Gang gesetzt, befindest du dich im Upswing und erhältst deutlich mehr, als in deiner Situation rational zu erhoffen gewesen wäre. Es ist dieser euphorische Moment im Pokern, in dem du weit mehr gewinnst, als du mit deinen gegebenen Karten erwartet hättest. Alles scheint zu deinen Gunsten zu laufen. Du bist im Aufwind, bereit, neue Höhen zu erklimmen.

Dann wird es dir auch zunehmend leichter fallen, deine Intuition anderen gegenüber zu vertreten und deine Entscheidungen zu verteidigen. Dieses Verteidigen deiner Intuition verschafft dir folgende Vorteile:

- **Es stärkt dein eigenes Vertrauen in deine Intuition, wenn du positiv von ihr berichtest.**

- **Es sortiert Menschen aus, die nur ihrer Ratio vertrauen und mit denen du nicht tiefer gehend zusammenarbeiten möchtest.**

- **Durch die offene Kommunikation stellst du dich selbst anderen gegenüber auf authentische und bestimmte Weise dar und positionierst dich klar und eindeutig.**

- **Von jemandem zu hören, der dank seiner Intuition erfolgreich ist, hat etwas regelrecht Mystisches an sich und weckt Interesse.**

Vor allem ist es wichtig zu kommunizieren und zu vermitteln, dass nicht immer jede Entscheidung rational erklärt werden muss und dass sie deshalb nicht falsch ist. Wenn du deinem Bauchgefühl vertraust und offen darüber sprichst, ziehst du Menschen an, die das gleiche Verständnis teilen und mit denen du grandiose Deals in Win-win-Situationen abschließen kannst.

Solche Menschen, die ebenfalls auf ihre Intuition hören, wirken ungemein inspirierend. Ich erlebte es selbst, dass ich den Weg durch eine bestimmte Tür suchte, mir aber jemand zeigte, dass ich gar nicht durch die Tür hindurchmusste – ich konnte sie einfach umgehen.

Denn Intuition ist kreativ, ungewöhnlich und einfallsreich. Sieh dir zum Beispiel Richard Branson an, den Gründer von Virgin. Er buchte für sich und seine Frau die Besichtigung einer zum Verkauf stehenden Insel in den British Virgin Islands und genoss einen kostenlosen Helikopterflug – kaufte am Ende aber eine Insel ohne Grund, ohne Finanzierung und ohne zu wissen, was er überhaupt mit einer Insel anfangen sollte. Der ursprüngliche Preis der Insel betrug 5 Millionen US-Dollar, Branson bot 100.000 US-Dollar. Da niemand sonst an der Insel interessiert war, bekam er sie für 120.000 US-Dollar, musste aber nach eigener Aussage trotzdem an den verschiedensten Adressen betteln gehen, um die Summe zusammenzukratzen.[32]

Mittlerweile ist Necker Island nicht nur Bransons liebste Heimat, sie ist auch ein Resort, das die Reichen und Schönen, von Kate Winslet bis Barack Obama, buchen und besuchen. Seine Entscheidung, die Insel zu kaufen, war rein intuitiv, zahlte sich aber mehr als aus. Richard Branson war damals gerade einmal 28 Jahre alt, wusste aber von Anfang an, dass ihn seine Intuition weit bringen würde. Er ist der Erste, der wagemutige und von außen betrachtet verrückte

Deals eingeht, seiner Intuition folgt, damit Erfolg hat und vor allem auch davon erzählt.

Menschen wie Branson machen deutlich, dass es weder exzentrisch noch paranoid ist, der eigenen Intuition zu folgen, sondern den Weg zu enormem Erfolg im Leben ebnet. Es geht darum, auf diese leise, innere Stimme zu hören und den Mut zu haben, ihr zu folgen, egal wie irrational es erscheinen mag. Sobald du deiner Intuition folgst und dich auf sie einlässt, wirst du mit mehr belohnt, als du je vermutet hättest. Dann wächst du über dich hinaus, weil deine Intuition bereits weiß, wo es hingeht. Sie folgt weder den instinktiven Impulsen der Urzeit noch dem begrenzten Wissen deiner Ratio. Sie folgt einer übergeordneten Energie und findet so die besten Deals für dich und dein Leben.

»Phantasie ist wichtiger als Wissen, denn Wissen ist begrenzt.«

(Albert Einstein, theoretischer Physiker, 1879–1955)[33]

TEIL 4

DIE ENERGIE DES GUTEN DEALS

38. DU MUSST ES SPÜREN

Erinnere dich an den Vergleich deiner Ratio mit einem Smartphone: Dein Verstand kann lediglich auf die Daten im internen Speicher zugreifen, während die Intuition den gesamten Datenbestand des Internets abruft. Die meiste Zeit befindet sich dein Smartphone im Flugmodus. Du hast keinen aktiven Zugriff auf deine Intuition. Sie scheint sich willkürlich mal zu melden, mal stumm zu bleiben. Im Folgenden möchte ich dir zeigen, wie du mehr Einfluss auf deine Intuition nehmen kannst, und zwar, indem du erkennst, was sie antreibt und auf welche Weise sie sich mitteilt. Dieses Wissen erlaubt dir, den Flugmodus deines imaginären Smartphones selbst auszuschalten und deine Antenne richtig auszurichten, um den bestmöglichen Nutzen aus deiner Intuition ziehen zu können.

Das Konzept, von dem ich hier schreibe, ist das der Energie. Es wird teilweise unterschiedlich bezeichnet, meint aber immer das Gleiche:

**Jemand hat eine bestimmte Ausstrahlung (Energie),
ein Ort verfügt über eine Atmosphäre (Energie),
eine Situation zeichnet sich
durch ihre Stimmung (Energie) aus
und so weiter.**

Energie macht sich in verschiedenster Weise bemerkbar – du musst lediglich offen dafür sein, sie zu spüren.

In allem, was ich tue, geht es mir um die Energie um mich herum. Insbesondere während meiner Pokerkarriere profitierte ich davon, ein Gespür für Energien zu besitzen. Deshalb ist die rein digitale Interaktion des Online-Pokerns so unzureichend für mich. Vor dem Computer spüre ich keine Energien. Du weißt nie, was am anderen Ende der Leitung tatsächlich vor sich geht. Hat der andere aus Unsicherheit so lange gewartet, bis er klickt, war er abgelenkt oder ist seine Internetverbindung einfach nur miserabel?

Online-Pokern ist technisch. Diejenigen, die etliche verschiedene Statistiken im Kopf haben und genau wissen, was eine Änderung von 28,1 Prozent auf 27,6 Prozent bedeutet, gewinnen. Mir ist das ehrlich gesagt viel zu aufwendig. Für mich entstehen gute Deals aus der Intuition heraus, die sich aus der Energie um einen Deal herum ergibt. Als ich zum Beispiel in Nordzypern nachts am Pokertisch saß, spürte ich die Energie der Geschäftsmänner aus Istanbul, mit denen ich spielte. Einem, der nach der dritten Rum-Cola fast jede Hand spielte, ging es offensichtlich nicht um den Einsatz, sondern einfach nur darum, den Spaß seines Lebens zu haben.

Je nach Gegenüber passe ich meine Aktionen an, daher ziehe ich so viel aus dem Kontakt mit den Menschen um mich herum. Mein Gespür für Energie war aber auch der Grund, warum ich es in Las Vegas nie länger als acht Wochen am Stück ausgehalten habe. Dort herrscht ein Umfeld von grundlegenden menschlichen Trieben, ein Spannungsfeld zwischen den Extremen mit unglaublicher Bandbreite, wie auf einer Party, auf der Hardcore-Drogen die Runde machen. Du siehst den einen, der sein letztes Hemd am Automaten verspielt, und daneben den anderen, dessen Frau vier Kelly Bags am Arm hat und gerade beim Craps zwei Millionen US-Dollar einsetzt. Hoch und Tief sind im Casino auf eine Weise komprimiert, wie du es nirgendwo anders zu sehen bekommst. Und nirgendwo sonst sind Casinos derart präsent wie in Las Vegas. Das jeden Tag zu fühlen und davon umgeben zu sein, hinterlässt seine Spuren.

39. WENN DU DIE POSITIVE ENERGIE NICHT SPÜRST, IST ES NICHT RICHTIG

Ich musste aus Vegas weg. Monetär bot es zwar das Optimum an Möglichkeiten, aber für mich persönlich und für meine Gesundheit hielt ich es in einem derart intensiven Umfeld ohne Ausgleich nicht länger aus. Was ich dort spürte, war keine positive Energie mehr – und dann ist es besser auszusteigen. Das gilt insbesondere für Momente, die eigentlich so viel positiver hätten verlaufen sollen, als sie es dann tatsächlich tun. Vielleicht kennst du das: Du gehst voll Vorfreude und Enthusiasmus zu einem vielversprechenden Meeting, in dem alle Weichen auf Erfolg gestellt sind. Dann aber verlässt du es enttäuscht und verwirrt, denn du spürst, dass etwas nicht stimmt – dass sich der Deal plötzlich sogar schlecht anfühlt.

Wann immer du positive Energie in einer Situation erwartest und sie nicht spürst, schrillt deine Intuition auf Alarmstufe Rot. Deine Intuition nimmt die kollektive Energie solcher Momente wahr und hat eine bessere Ahnung vom Ausgang des Deals als dein rationaler Verstand. Auch wenn etwas für deinen Kopf im Vorfeld noch so verheißungsvoll schien, heißt es Abstand nehmen, wenn dir deine Intuition abrät.

Denn was passiert, wenn du dein Bauchgefühl ignorierst? Aus eigener Erfahrung kann ich sagen: Du sabotierst dich selbst.

Du wirst Dinge tun oder sagen, die dir im Nachhinein unerklärlich erscheinen, weil deine Intuition versucht, dich vom falschen Weg abzubringen. Du wirst dir quasi selbst ein Bein stellen. Dann holst du dir vielleicht nur ein paar Schürfwunden, anstatt dir das Genick zu brechen. Besser wäre aber, wenn du von Anfang an auf deine Intuition hörst und die Signale verstehst, bevor sie lauter werden.

Was anfangs ein subtiles Unbehagen ist, wird sich verstärken, wenn du es ignorierst. Dies kann sich durch steigende Anspannung, Unwohlsein oder sogar physische Symptome manifestieren. Emotional fährst du mit 200 km/h gegen eine Wand – spätestens dann solltest du innehalten und reflektieren. Ist es wirklich der richtige Deal? Ist diese Person wirklich der richtige Partner? Handle ich entgegen meinen unbewussten Neigungen? Sollte ich lieber aufstehen und mich neu orientieren? Besonders in langjährigen Beziehungen oder familiären Strukturen fällt das Loslassen schwer. Da braucht es oft mehr als nur eine einzelne emotionale Mauer, gegen die du fährst, um deinen Kurs zu ändern. Aber das ist in Ordnung. Manchmal müssen wir mehrere Warnungen hören, bevor wir handeln.

Es ist nie zu spät, doch noch deiner Intuition zu folgen.

Wenn du die positive Energie nicht spürst, ist ein Deal nicht der richtige für dich. Tatsächlich passiert mir das häufiger in Deals, die sich über längere Zeit hinweg entwickelt haben, als bei kurzfristigen Entscheidungen. Menschen leben sich auseinander, die energetische Distanz wird größer und Deals fallen nicht mehr so gut aus, wie sie es noch zu Anfang der Beziehung oder Bekanntschaft taten. Dann ist es an der Zeit zu erkennen, dass der beste Deal für beide Parteien ist, eigene Wege zu gehen.

Schätzt du die Energien um dich herum dank deiner Intuition richtig ein, ersparst du dir zeitraubende Umwege und ein schmerzvolles Drama. Teilweise lässt sich nicht erklären, warum dich deine Intuition von einer Situation abgehalten hat, aber hier kommt das Vertrauen ins Spiel, das du in deine Intuition steckst: Du kannst dir sicher sein, dass nichts Gutes aus etwas entsteht, das sich für dich nicht gut anfühlt.

»We live in ripples of energy in the vast ocean of energy.«

(Deepak Chopra, US-amerikanisch-indischer Autor)[34]

40. WENN DU ES DIR NICHT VORSTELLEN KANNST, IST ES NICHT RICHTIG

Ähnliches gilt für Situationen, die du dir nicht vorstellen kannst. Meistens, wenn du an deine Vision denkst oder dir deine Zukunft ausmalst, siehst du vor deinem geistigen Auge, was möglich ist. Das können selbst kleinere Banalitäten sein. Ich spielte zum Beispiel kürzlich Tennis gegen einen Freund und es war unklar, wer gewinnen würde. Dann aber sah ich vor meinem inneren Auge mich selbst gewinnen und »Come on!« ausrufen. Genau so kam es dann auch. Ob der Ausruf und der Sieg an sich eine sich selbsterfüllende Prophezeiung waren oder nicht, ist irrelevant. Es ging lediglich darum, dass ich mir den Moment des Sieges exakt und detailliert vorstellen konnte. Natürlich erhöht die Vorstellung des Siegs dann auch die Siegeschancen, aber so arbeitet Energie:

> **Deine Energie gibt dir etwas vor – und wenn du dich darauf einlässt, erfüllt es sich auch.**

Doch was, wenn dieses klare Bild fehlt? Was, wenn die Energie zwar da ist, aber die Vision sich dir nicht zeigt? Wenn sich etwas vage gut anfühlt, du aber das Endergebnis nicht siehst? Bislang haben wir mehr über das Gefühl im Moment gesprochen. Solange sich etwas gut anfühlte, war das ein Zeichen deiner Intuition, dass du auf dem richtigen Weg bist. Nun gehe ich einen Schritt weiter und differenziere: Vertrau deinem Gefühl nur, wenn Gefühl und Vision Hand in Hand gehen, besonders wenn es um große Entscheidungen geht.

Bei der Villa auf Bali beispielsweise hatte ich nicht nur ein gutes Gefühl, sondern ich konnte mir auch genau vorstellen, wie alles am Ende aussehen würde. Hätte sich in dem vorgestellten Bild auch nur ein Knacks ergeben, dann wäre es kein zielführender Schritt gewesen. Zu oft zweifeln wir unsere Vorstellungskraft an und glauben, fehlende Stücke und dieser gewisse Knacks seien normal und hinnehmbar – das sind sie aber nicht.

 »You can't depend on your eyes when your imagination is out of focus.«

(Mark Twain, US-amerikanischer Schriftsteller, 1835–1910)³⁵

Wenn die Energie einer Situation dich wirklich in eine bestimmte Richtung zieht, dann bietet sie dir alle Details, alle Feinheiten, und zeigt dir ein komplettes Bild ohne fehlende Teile. Ohne diese exakte Vorstellung riskierst du, einen Weg einzuschlagen, der zwar verlockend, aber letztlich nicht für dich bestimmt ist.

Diese Momente, in denen alles klar erscheint, kommen oft unerwartet und sind gleichzeitig unbezahlbar. Sie erlauben es deiner Energie, frei durch das Universum zu fließen, deine Intuition in Gang zu bringen und dich auf den richtigen Weg zu leiten.

So, wie du dir nicht vorstellen kannst,
eine Melodie zu spielen, die du nie gehört hast,
solltest du auch keine Entscheidungen treffen,
wenn du dir das Ergebnis nicht klar vorstellen kannst.

41. OHNE LEIDEN-SCHAFT KEINE ENERGIE

In allem, was du tust, beeinflusst dich die Energie um dich herum und in dir – und durch deine Energie beeinflusst du wiederum dein Umfeld.

Du kennst sicher Momente, in denen du dich von einer unaufhaltsamen Kraft getragen fühlst, in denen du scheinbar Bäume ausreißen kannst. Was ist es, das solche Momente in deinem Leben auslöst? Ein Projekt, die Liebe zu einer Person oder einfach die Freude an einer Sache, die dir wirklich wichtig ist?

Du ahnst, worauf ich hinauswill: Es ist die Leidenschaft.
Wann immer du Leidenschaft für etwas empfindest, steigerst du die Energie, die dir zur Verfügung steht, ins schier Unermessliche.

Das macht die Leidenschaft zu einem Sturmwind, einer Welle, die alles in deinem Leben beeinflusst und in Bewegung setzt. Sie kreiert einen Energiefluss, der so stark ist, dass er dich und deine Umgebung mitreißt.

Leidenschaft ist ein zentrales Element in der Kunst des guten Deals, aber auch in der Kunst des guten Lebens.

Ohne Leidenschaft erreichst du nicht die angestrebten Ergebnisse, denn du kannst zwar kurzfristig Dinge in Bewegung halten, nicht aber langfristig. Das würde dich zu viel Kraft kosten.

Das ist, als würdest du als Surfer versuchen, gegen die Welle zu reiten. Dann verschlingt dich die Kraft des Meeres eher früher als später. Gleichzeitig kannst du aber auch nicht auf Wellen surfen, die nicht da sind. Deine Leidenschaft ist die Energiequelle der Wellen deines Lebens. Nutzt du sie richtig, wirst du regelrecht beflügelt.

Wann immer du Leidenschaft für etwas empfindest, tun sich alle Elemente in deinem Leben zusammen, um dir Energie zu verleihen und dich zur Erreichung deiner Ziele zu führen. Mit Leidenschaft kämpfst du dich sogar durch solche Situationen, in denen dir deine Umgebung scheinbar Energie entziehen will. Dann versorgt dich deine Leidenschaft mit der notwendigen Kraft, um trotzdem weiterzumachen.

Wo liegt deine Leidenschaft, die dir den notwendigen Schwung für deine Lebensprojekte gibt?

42. WAS LÖST ES IN DIR AUS?

Wenn ich dir nur eine Botschaft mit auf den Weg geben könnte, wäre es diese: Sei dir bewusst, was in dir vorgeht. Deine Gefühle, deine Visionen, deine Vorstellungskraft und deine Leidenschaft sind die Landkarte deines Lebens – und deine Intuition der Kompass, der dich durch diese Welt des authentischen Lebens führt. Indem du Bewusstsein für deine inneren Vorgänge schaffst, erkennst du, ob ein Deal Teil deiner langfristigen Vision ist oder nicht.

Im Grunde geht es immer darum, dich besser auf deine Intuition einzustimmen, indem du bestimmte Dinge tust und andere unterlässt. Denn dadurch eliminierst du viele der Störfaktoren, die zwischen dich und deine Intuition treten können.

Ein einfaches Beispiel hierfür sind die Zehn Gebote in der Bibel: Indem du dich an sie hältst, vermeidest du Gefühle wie Reue, Hass, Wut, Neid und viele andere, die dich und dein Energiefeld stören würden. Selbst buddhistische Meditationstechniken erreichen nichts anderes: Sie bringen dich zur Ruhe und stärken deine Konzentration, damit du besser dazu imstande bist, die leise Stimme deiner Intuition wahrzunehmen.

Egal ob du es Gebet oder Mantra nennst, eines steht fest: Indem du zu dir selbst und deinem Innersten zurückkehrst, öffnest du deiner Intuition Tür und Tor, um dich zu besseren Deals und neuen Chancen zu führen. Manche sprechen von einer Frequenz, auf die du dich einstellst, denn wir wissen, dass Strom und Energie Frequenzen aufweisen. Wir schwingen sozusagen auf einer bestimmten Frequenz. Das macht das obige Wellenbeispiel zu mehr als nur einer Metapher: Dank deiner Intuition empfängst du Wellen, Signale, und es ist deine Aufgabe, dich auf die richtige Wellenlänge, also Frequenz zu bringen, um die Signale mit möglichst wenig Rauschen zu empfangen.

»(...) in accordance with the law of the conservation of energy, throughout the Infinite, the forces are in a perfect balance, and hence the energy of a single thought may determine the motion of a universe«. ((...) gemäß dem Energieerhaltungsgesetz, überall im Unendlichen, sind die Kräfte in einer perfekten Balance und daher kann die Energie eines einzelnen Gedankens den Gang eines Universums bestimmen.)

(Nikola Tesla, Ingenieur, Forscher und Erfinder, 1856–1943)[36]

Mit dem Begriff der Frequenz lade ich dich dazu ein, Gefühle neu zu denken: Steig tiefer ein, schau genauer hin und gliedere feiner auf. Gefühle sind nicht gleich Gefühle. Es gibt langfristige Visionen und kurzfristige Versuchungen, die sich sehr ähnlich anfühlen können, sich aber in ihrer Frequenz unterscheiden. Und nur weil dich etwas in die richtige Richtung zu führen scheint, muss das nicht zwingend der Fall sein.

Nehmen wir an, die von deiner Vision vorgegebene und bekannte Richtung ist grob rechts. Der Weg in diese Richtung ist aber gewunden und verschlungen, weshalb du im Kleinen auch immer mal wieder nach links gehen musst, um dem groben Pfad nach rechts zu folgen. Manchmal führt dich der Weg auch scheinbar rückwärts, bevor er sich wieder einpendelt. Solange du aber dein Warum und deine langfristige Vision im

Auge behältst, lenken dich die kleinen Richtungsänderungen nicht vom großen Ganzen ab. Je klarer deine Vision ist, desto mehr Möglichkeiten filterst du automatisch aus, die dich nicht zu deinem Ziel führen.

Manchmal fühlt sich ein Deal oder eine Beziehung kurzfristig gut an, entspricht aber nicht deiner langfristigen Vision. Es ist leicht, sich von kurzfristigen Gefühlen ablenken zu lassen. Aber genau hier kommt deine Intuition ins Spiel und wird dir helfen, deine langfristigen Ziele im Blick zu behalten. Und in Momenten, in denen du dir nicht sicher bist, erlaube dir, dich auszuprobieren.

Das kann zum Beispiel der Fall sein, wenn du dich mit Sachverhalten beschäftigst, mit denen du nicht so oft zu tun hast. Deine Intuition verhält sich in unterschiedlichen Bereichen unterschiedlich reaktionsschnell. Meine Intuition war beispielsweise auf Business getrimmt und beruflich konnte ich zielgenau die besten Deals finden und mich voll und ganz auf meine Intuition verlassen. Bei Beziehungsfragen allerdings war ich Anfänger und meine innere Antenne war bei Weitem noch nicht so exakt ausgerichtet wie im Geschäftsleben. Ich hatte an meiner beruflichen Intuition einfach schon deutlich mehr gearbeitet als an meiner sozialen. Wann immer du mit einem Bereich zu tun hast, in dem du Intuitions-Neuling bist, triffst du auf völlig neue Gefühle, die schwierig einzuordnen sein können. Dann gib dir besonders viel Zeit, um herauszufinden, was in dir vorgeht und was etwas in dir auslöst. Auch ich musste manche Dinge langsamer angehen, unter anderem die wichtigste Begegnung meines Lebens.

43. EIN GEFÜHL FÜR DAS GEGENÜBER GEWINNEN

Indem du genauer auf dein Inneres hörst, gibst du deiner Intuition neue Ansatzpunkte, um dir weitere Signale zu senden. Für mich war das in dem Moment von entscheidender Bedeutung, als ich zum ersten Mal meine spätere Frau sah.

Ich erinnere mich an den Club, voll mit etwa 1.300 Menschen, doch sie stach für mich direkt heraus. Ich näherte mich, bekam aber aus irgendeinem Grund das Gefühl, dass ich sie nicht ansprechen sollte.

Die langfristige Vision war klar: Ich wollte sie kennenlernen. Aber die Energie im Detail, sie an genau diesem Abend anzusprechen, fehlte. Das machte mir klar, dass es noch nicht der richtige Zeitpunkt war. Das Timing stimmte noch nicht. In solchen Momenten ist es entscheidend, das zu erkennen und zu akzeptieren, dass ein Deal jetzt nicht zustande kommt, aber vielleicht später. Diese Akzeptanz ist ein Ausdruck deiner Intuition, die dir sagt, dass du zwar auf dem richtigen Weg bist, aber einfach noch nicht am Ziel.

Später stellte sich heraus, dass sie zu diesem Zeitpunkt noch verlobt gewesen war. Hätte ich aus dem ersten Impuls heraus gehandelt und sie angesprochen, wäre ich abgeblitzt und hätte mir zukünftige Chancen deutlich erschwert. Selbst inmitten der Menschenmenge spürte ich diese Energie. Indem ich mir Zeit gab, fügten sich die notwendigen Puzzleteile von selbst und wir kamen zusammen.

Nun ist das ein Extrembeispiel dafür, wie das Einschätzen der Energie deines Gegenübers dein Leben beeinflussen kann, aber im Grunde ist es genau das: Gewinne ein Gefühl für dein Gegenüber. Du weißt bereits, dass es in einem guten Deal nicht darum geht, den anderen zu überzeugen, zu manipulieren, zu übertrumpfen oder in eine bestimmte Richtung zu manövrieren. Es geht darum, einen guten Deal für beide Seiten zu erschaffen.

Vor Abschluss eines Deals musst du herausfinden, welche Überschneidungen es zwischen dir und deinem Gegenüber gibt. Was sind die Aspekte, mit denen ihr beide zufrieden seid, die beide Seiten anstreben? Sobald diese identifiziert sind, kann man daran arbeiten, alles entsprechend zusammenzuführen. Oft ist es die Harmonie in den kleinen Übereinstimmungen, die zum erfolgreichen Deal führen.

Um diese herauszufinden, hilft es, auf der gleichen Frequenz zu schwingen, also eine ähnliche Energie auszustrahlen. Dann fällt es dir auch leichter, deine Idee, deinen Deal, in einer Weise zu präsentieren, die beim Gegenüber gut ankommt.

Die richtige Energie macht einen Deal zum Tanz, bei dem beide Partner die Schritte kennen.

Lerne zu verstehen, was den anderen antreibt. Legt dein Gegenüber mehr Wert auf wirtschaftliche Aspekte oder muss sich der Deal energetisch gut anfühlen? Glaub es oder nicht, aber da draußen gibt es zahlreiche sehr erfolgreiche Geschäftsleute, die noch deutlich größeren Wert auf Energie legen als ich. Unterschätze nie, dass auch dein Gegenüber seiner Intuition folgt. Ich mache das meinen potenziellen Geschäftspartnern gern deutlich, indem ich sie daran erinnere, dass ein Deal nur mit der Zustimmung beider Seiten zustande kommt. Fühlt sich der Deal für eine der Seiten nicht gut an, ist es kein guter Deal. Beide müssen den Vertrag unterzeichnen. Das gibt meinem Gegenüber ein Gefühl der Kontrolle, nimmt Druck von beiden Seiten und stärkt meine Position als vertrauenswürdiger Geschäftspartner.

**Das Gegenüber ist immer auch Teil
deiner eigenen Intuition.**

Grundlegend geht es darum, deiner eigenen Intuition zu folgen. Wenn sich ein Deal für dich intuitiv richtig anfühlt, dann weißt du, dass es wahrscheinlich auch für die andere Seite ein guter Deal ist. Trotzdem lade ich dich dazu ein, bewusst dein Gegenüber wahrzunehmen. Je besser du dich auf dein Gegenüber einstellst und dich auf seine Intuition einlässt, desto einfacher wird es dir fallen, die Energie eines Deals zu erspüren. So gibst du deiner eigenen Intuition die Möglichkeit, sich voll zu entfalten und die besten Deals für dich zu sichern – Deals, von denen beide Seiten profitieren.

**Ein Deal ist nicht nur ein Geschäft
zwischen zwei Parteien.
Es ist eine Begegnung zwischen zwei Menschen.**

44. DIE ENERGIE FLIESSEN LASSEN

Um dich optimal auf dein Gegenüber einzulassen, musst du das gesamte Spektrum der Kommunikation erfassen. Das betrifft weit mehr als Worte und Verhandlungstaktiken, sondern auch die Energie, die zwischen den Parteien fließt.

Das Stichwort hierbei ist »fließt«: Energie in Bewegung bringt uns voran, bedeutet Fortschritt, Wandel und neue Chancen. Wenn Energie stagniert, blockiert wird, laufen wir gegen eine imaginäre Wand und kommen nicht weiter. Uns geht die Kraft aus, es fehlen neue Ideen und Inspiration.

Sobald du in einem Gespräch oder in einer Verhandlung etwas tust, das gegen deine innere Energie oder deine Gefühle geht, erzeugst du eine solche energetische Blockade. Du stoppst den Fluss der Energie oder verlangsamst ihn. Das ist mehr als nur ein metaphorisches Hindernis. Blockaden wirken sich auf den gesamten Verlauf der Interaktion aus. Das kann so weit gehen, dass sie den Abschluss des Deals gefährden.

Denn wie du mittlerweile weißt, sitzt du nicht allein am Verhandlungstisch. Auch dein Gegenüber hat ein Gespür für die Energie der Situation und wird aller Wahrscheinlichkeit nach wahrnehmen, wenn etwas nicht rund läuft.

Gemäß den Gesetzen der Thermodynamik wissen wir, dass Energie nie verschwindet, dass aber ihre für uns nutzbare Form verloren gehen kann.

Und es kommt noch schlimmer: Wird Energie blockiert, geht sie nicht verloren, kann aber in die falsche Richtung gedrängt werden. Plötzlich ergibt sich ein Schneeballeffekt, der immer schwerer zu kontrollieren ist, je mehr Energie in die falsche Richtung fließt. Dann wird die Energie, die du eingeschlossen hast, an anderer Stelle freigesetzt und verrichtet ein zerstörerisches Werk. Das dann wieder zu richten, kostet dich weit mehr Energie, als wenn du sie von vornherein einfach in ihre richtige Richtung hättest fließen lassen.

Um die Energie fließen zu lassen, sei ehrlich zu dir selbst und deinem Gegenüber. Verstell dich nicht, setz keine Maske auf und versuch nicht, etwas zu erreichen, das deiner Intuition widerspricht. Sei authentisch, selbst wenn du müde oder gereizt bist. Damit meine ich nicht, dass du deine schlechte Laune am Gegenüber auslassen sollst, sondern einfach nur, dass du nichts verbergen musst. Gibst du dich, wie du bist, könnte das sogar das Tor zu einem deutlich besseren Deal sein, weil die Energie fließt und dein Gegenüber deine Ehrlichkeit spürt.

So wie du deiner Intuition vertrauen kannst, vertrau auch dem Fluss der Energie in einer Situation. Du weißt nicht, wohin er dich führt und welche Möglichkeiten sich dir eröffnen. Wo immer Energie frei fließt, löst sie positiven Wandel aus, hilft bei der Weiterentwicklung und bringt Systeme in Balance.

»Move with the flow. Don't fight the current. Resist nothing. Let life carry you. Don't try to carry it.«

(Oprah Winfrey)[37]

Selbst wenn dir das Konzept der Energie jetzt noch ein wenig befremdlich erscheinen mag, lade ich dich dazu ein, dich darauf einzulassen und es als essenziellen Teil deiner Intuition zu verstehen. Indem du die Energie fließen lässt, positionierst du dich für bessere, authentischere und letztlich erfolgreichere Deals. Sich zu verstellen, mag eine kurzfristige Lösung sein, aber Blockaden werden dir langfristig nur schaden.

»Πάντα χωρεῖ καὶ οὐδὲν μένει«
(Alles bewegt sich fort und nichts bleibt.)

(Heraklit von Ephesos, ca. 520–460 v. Chr. zugeschrieben, erstmals bei Simplikios, ca. 490–540 n. Chr. genannt)[38]

45. WAS TUN, WENN DICKE LUFT IM RAUM IST?

Die wahrscheinlich am leichtesten wahrnehmbare energetische Blockade hast auch du sicher schon erlebt: dicke Luft. Ein Gefühl, als hinge eine unsichtbare, schwere Wolke im Raum, die die Stimmung aller Anwesenden drückt. Was tust du in solchen Situationen?

Dicke Luft ist Gift für gute Deals, daher ist es wichtig, dass du direkt spürst, wenn die Stimmung in diese Richtung umschlägt. Vielleicht fühlst du zuerst ein leichtes Unbehagen oder eine steigende Anspannung. Vielleicht kommt der Redefluss ins Stocken oder Beteiligte ziehen sich auf das scheinbar sichere Plateau des Small Talks zurück. Das ist der Moment, in dem du auf dich selbst hören und in Aktion treten solltest.

Wann immer du Spannungen wahrnimmst, sprich sie offen an. Manchmal kann Spannung produktiv sein und den letzten nötigen Push geben, wenn ein Deal kurz vor dem Abschluss steht. Aber bei unproduktiver Spannung, durch die Verhandlungen oder Gespräche ins Stocken geraten und die Energie stagniert, musst du deine Gefühle äußern. Ein einfacher Satz wie »Ich spüre eine gewisse Anspannung hier im Raum, gibt es etwas, über das wir reden sollten?« kann Wunder wirken. Ich nutze dafür tatsächlich auch Ausdrücke wie »Es liegt noch etwas in der Luft«. Dabei spreche ich alle Beteiligten gleichermaßen an und gebe jedem die Chance, wortwörtlich reine Luft zu schaffen und die Atmosphäre zu klären.

In meiner gesamten Kommunikation rufe ich meine Gegenüber dazu auf, offen und ehrlich jedwede Zweifel oder Wünsche zu äußern, auch in digitalen Kommunikationsformen. Versende ich beispielsweise einen Vertragsentwurf, bitte ich den Empfänger, diese erste Fassung zu lesen und Missverständnisse oder Fehler im Vertrag aufzudecken und anzusprechen. Durch klare Kommunikation kommt nie der Verdacht auf, dass negative Absichten hinter eventuellen Fehlern stecken könnten.

Letztlich geht es darum, eine Atmosphäre zu schaffen, in der ein guter Deal für alle Beteiligten möglich ist. Wird die Anspannung im Raum nicht angesprochen, ist es schwer, einen Deal zu finden, der für beide Parteien funktioniert und mit denen sich jeder gut fühlt. Offene und ehrliche Kommunikation und das Ansprechen von Unbehagen lösen eventuelle Blockaden und lassen die Energie zum Vorteil aller fließen.

46. FREI REDEN

Das bringt uns zu einem der wichtigsten energetischen Grundsätze: dem freien Reden. Wann immer dich ein ungutes Gefühl in einem Deal überkommt, schenke dem Gefühl Beachtung und sprich es an. Die Ursache des Gefühls muss nicht zwingend beim Gegenüber liegen. Auch andere Umstände können ursächlich dafür sein, dass du innehältst und die Notbremse ziehst.

Indem du Bedenken offen äußerst und auch die Bedenken anderer durch freies Reden ausräumst, vereinst du die zwei zuvor genannten Punkte: Du lässt die Energie fließen und klärst die Luft. Das macht das freie Reden zu einem Kernelement, um deiner Intuition besser folgen zu können, und unerlässlich für gute Deals.

Mir passierte zum Beispiel das Folgende: Ein komplexer Hotel-Deal sollte abgeschlossen werden. Das Gespräch drehte sich um das Wertgutachten der Immobilie und ich bekam das deutliche Gefühl, dass der Verkäufer etwas verheimlichen wollte. Die Atmosphäre im Raum ändert sich schlagartig – und wo die Energie zuvor noch fließen konnte, geriet sie nun ins Stocken. Interessanterweise ahnte ich, was im Kopf des Verkäufers vorging: Der Kaufpreis, den ich bezahlen sollte, lag etwa zwei Millionen Euro über dem Gutachtenwert. Was tat ich? Ich sprach es offen an.

Ich teilte ihm mit, dass mir der Wertunterschied bewusst und ich trotzdem bereit sei, mit ihm einen Deal zu machen, und zwar für den höheren Wert. Auf diese Weise nahm ich direkt jegliche Anspannung aus der Luft und löste das Unbehagen und die emotionale Starre meines Gegenübers auf.

Nun hat dieser Verkäufer Glück gehabt, dass ich meiner Intuition für gute Deals folge und Sachverhalte offen behandle, denn die meisten anderen hätten seinen Versuch, den Wert zu verheimlichen, sicher nicht so leicht weggesteckt. Etwas in einem Deal nicht offenzulegen, bedeutet, das Vertrauen des Gegenübers zu missbrauchen und den gesamten Deal zu gefährden. Stattdessen hätte der Verkäufer den Wertunterschied ansprechen sollen, zum Beispiel mit dem Hinweis, dass Gutachtenwerte oft niedriger ausfallen und er vom angegebenen Wert seiner Immobilie überzeugt sei.

Denn am Ende besitzt jeder Beteiligte seine eigene Vision davon, wie ihn der Deal weiterbringt. Du weißt bereits, dass ein guter Deal für beide Parteien von Vorteil sein muss. Hätte ich dem Verkäufer zwei Millionen Euro weniger gezahlt, auf die er sich bereits eingestellt hatte, dann hätte sich im Zweifel seine Vision nicht erfüllt.

**Ein Deal funktioniert am besten,
wenn die Visionen aller Beteiligten in Erfüllung gehen.**

Viele Menschen glauben, ihre Karten in Verhandlungen wie beim Pokern verdeckt halten zu müssen. Sie fürchten, sich verwundbar oder angreifbar zu machen oder Schwäche zu zeigen. Schlimmer noch: Die meisten wollen nicht nur ihre Karten verbergen, sie versuchen sogar zu verbergen, dass sie überhaupt Karten haben und am Spiel teilnehmen. Warum aber sollte ich mit jemandem ins Geschäft kommen, der scheinbar unbeteiligt und desinteressiert ist? Mit jemandem, der keine Vision hat, keine Leidenschaft?

Damit möchte ich nicht sagen, dass du vor jedem Zuhörer deine komplette zukünftige Planung ausbreitest. Zeig dein aktuelles Set an Karten, ohne über zukünftige Karten und Pläne zu spekulieren. Willst du ein Auto kaufen, um daraus ein Schiff zu schweißen, dann sprich offen und ehrlich über den Kauf des Autos, nicht über den Umbau zum Schiff.

Es kann ein Balanceakt sein, aber ich bin mir sicher, dass du mithilfe deiner Intuition das richtige Maß an Offenheit findest. Im Zweifel sei lieber zu offen als zu verschlossen. Im Verbergen der eigenen Intention und Vision liegt oft der Fehler: Wenn du deine Bedenken und Absichten nicht offenlegst, schaffst du eine Atmosphäre der Unsicherheit und des Misstrauens.

Ehrlichkeit und Transparenz sind nicht nur Tugenden, sie sind taktische Werkzeuge und erhöhen die Wahrscheinlichkeit eines erfolgreichen Deals.

Bei allen deinen Deals ist es nicht nur erlaubt, sondern sogar vorteilhaft, offen und ehrlich zu agieren und deine Karten offenzulegen. Freies Reden baut Vertrauen auf, schafft Klarheit und öffnet dir die Tür zu einem besseren, intuitiven Verständnis der Situation. Wenn du ohne Rücksicht auf Verluste frei redest, wirst du feststellen, dass du nicht nur häufiger gewinnst, sondern dass die Deals, die du abschließt, auch für alle Beteiligten besser werden. Das wiederum führt dazu, dass dir mehr und mehr gute Deals zugetragen werden.

47. ES HAT EINEN GRUND, WENN DER DEAL NICHT KLAPPT

Die Hauptsorge, die uns alle umtreibt und die uns davon abhält, unsere Karten offenzulegen und frei zu reden, ist die Angst davor, dass ein Deal nicht klappt. Was, wenn du zu viel gesagt hast? Was, wenn dein Gegenüber deine Offenheit tatsächlich als Schwäche auslegt?

Ich kann dich beruhigen: Es hat immer einen Grund, wenn ein Deal nicht zustande kommt, und dieser Grund ist in der Regel zu deinem Vorteil, selbst wenn es auf den ersten Blick nicht so erscheint.

Wenn du offen und transparent über deine Bedingungen, Wünsche, Sorgen und Ziele sprichst, sortierst du im Verhandlungsprozess die Spreu vom Weizen. Du hast vielleicht schon erlebt, dass du alle Karten auf den Tisch gelegt hast und dein Gegenüber dann rundheraus ablehnte und keinen Deal schließen wollte. Und das ist völlig in Ordnung, denn es spart dir Zeit, Energie und Ressourcen, die du nun in andere, lukrativere Projekte investieren kannst.

Anstatt jemanden, der Skat spielen will, zum Pokern überreden zu wollen, wechsle lieber den Tisch.

Auf Biegen und Brechen einen Deal abschließen zu wollen, obwohl entweder du selbst oder ein anderer Beteiligter nicht komplett damit zufrieden ist, bringt dir über kurz oder lang keinen Vorteil. Verabschiede dich lieber von der Idee und freu dich darüber, dass du früher Klarheit erlangt hast und nicht erst später.

Jeder Deal, der nicht zustande kommt, schafft Raum für etwas Neues, oft Besseres. Oftmals ließ ich in der Vergangenheit Deals platzen und kurz darauf wurde mir ein deutlich besserer Deal zugetragen. Dann war es für den ersten Deal nicht der richtige Zeitpunkt, nicht das richtige Projekt oder einfach nicht die richtige Energie. Das Leben hat seine eigene Art, dich auf den für dich passenden Weg zu führen, solange du auf deine Intuition hörst.

Selbst Deals, die nicht zustande kommen, weil du etwas vermasselt hast, kannst du als positiv betrachten, denn sie sind Lernerfahrungen. Das nächste Mal wirst du es besser machen. Das ist das Schöne an Fehlern: Sie sind Stepping Stones zu deinem nächsten großen Erfolg.

Du lernst mehr aus Fehlern als aus Erfolgen.

Mit jedem Tag, den ich älter werde, bin ich überzeugter davon, dass alles einen Sinn hat und jeder Deal, der nicht klappt, auch nicht klappen sollte. Ansonsten kommt er wieder.

Sieh einen geplatzten Deal als Chance, dich neu auszurichten und Raum für Möglichkeiten zu schaffen. Solange du auf deine Intuition und dein Innerstes hörst, entwächst aus allem – selbst einer scheinbaren Niederlage – etwas Gutes für dich. So paradox es klingt: Du gewinnst, indem du verlierst.

48. WENN ES DIR UM NICHTS GEHT, BEKOMMST DU ALLES

Das Mindset, nicht verlieren zu können und zudem scheinbare Verluste als Gewinn zu betrachten, führt dazu, dass du deiner Intuition besser folgen und dir die besten Deals sichern kannst. Es mag seltsam klingen, aber je weniger dir an einem Deal oder einer Entscheidung liegt, desto größer sind deine Gewinnchancen.

Hier ist ein Extrembeispiel, um das zu verdeutlichen: Vor Kurzem kam jemand zu mir und bat um finanzielle Hilfe. Normalerweise bin ich aufgrund schlechter Erfahrungen in solchen Fällen verständlicherweise zurückhaltend. Ich könnte das Geld verlieren. Der Typ könnte morgen schon damit in Rumänien sein und ich sehe ihn nie wieder. Und doch fühlte sich die Situation im Bauch seltsam richtig an – meine Intuition meldete sich.

Von einem rein rationalen Standpunkt aus betrachtet hätte ich ablehnen sollen. Zu hohes Risiko, zu ungewisses Outcome. Aber die Intuition ist eben eine Ebene höher als die Ratio. Sie sieht Möglichkeiten und Verbindungen, die der Verstand nicht erfassen kann.

Folgst du deiner Intuition, kannst du dich darauf verlassen, dass es zu deinem Nutzen ist. Das kann bedeuten, dass in Zukunft irgendetwas Positives passiert oder auch, dass etwas

Negatives nicht eintritt. Dadurch weißt du nie genau, welchen Effekt es hatte, dass du deiner Intuition gefolgt bist. Du wirst lediglich feststellen, dass sich dein Leben stetig verbessert und du immer lukrativere Deals abschließt, je öfter du deiner Intuition folgst.

> »To invent you have to experiment, and if you know in advance that it's going to work, it's not an experiment.«
>
> (Jeff Bezos, US-amerikanischer Unternehmer und Multimillionär)[39]

Im Fall der finanziellen Hilfe habe ich keine Ahnung, welcher Outcome daraus hervorgeht, wenn ich der Person Geld leihe. Dadurch geht es mir um nichts und ich bin völlig offen für jegliche Möglichkeiten. Ich weiß lediglich, dass es für mich gut ausgehen wird, solange ich meiner Intuition folge, denn meine Intuition liegt immer richtig.

Ich sage nicht, dass es einfach ist, sich derart stark auf die eigene Intuition zu verlassen. Selbst heute noch fällt es mir manchmal schwer zu akzeptieren, was mir mein Bauchgefühl vorschlägt. Das Erlernen der eigenen intuitiven Fähigkeiten ist ein Prozess, der nicht von heute auf morgen passiert. Mach dir nur immer wieder bewusst, dass dir selbst die besten Berechnungen der Welt nicht sagen können, ob ein Deal profitabel für dich ausgeht oder nicht. Es gibt immer unbekannte Variablen, die nicht berücksichtigt sind. Genau deshalb liegst du besser, wenn du den Hinweisen deiner Intuition folgst, die auf Dinge Rücksicht nimmt, die außerhalb deiner rationalen Reichweite liegen. Jede Aktion löst eine Kette von Ereignissen aus, die du, wie anfangs erwähnt, nie komplett durchdenken kannst. Deine Intuition bietet dir ein Gespür für solche nicht linearen Zusammenhänge und einen Weg, sie dennoch zu berücksichtigen.

»Je komplexer eine Entscheidung, desto mehr sollte man seinem Unbewussten vertrauen.«

(Ap Dijksterhuis, niederländischer Psychologe)[40]

Wenn du also sowieso nie voraussehen kannst, wie ein Deal für dich endet, warum sich dann nicht komplett von der Idee des Ergebnisses verabschieden? Weiter oben sprach ich an, dass du dich unabhängig davon machen sollst, ob ein Deal klappt oder nicht. Nun gehe ich noch einen Schritt weiter:

Mach dich unabhängig vom Ergebnis.

Die Idee des »Freedom from Outcome« sorgt dafür, dass du dein Augenmerk weg vom Ergebnis und hin zum gegenwärtigen Moment lenkst. Du siehst den Weg als das Ziel, erlebst jeden einzelnen Schritt bewusster und kannst ihn vor allem stressfrei genießen, ohne Druck, etwas Bestimmtes erreichen zu müssen.

»Man reist nicht, um anzukommen, sondern um zu reisen.«

(Johann Wolfgang von Goethe, deutscher Dichter und Naturforscher, 1749–1832)[41]

Es mag paradox klingen, aber der beste Weg zum Erfolg ist, sich weniger um das Ergebnis zu kümmern. Wenn es dir um nichts geht, kannst du alles gewinnen. So entsteht Raum für Möglichkeiten, der es dir erlaubt, weit über das hinauszugehen, was du dir vorstellen kannst.

Wann immer wir auf ein bestimmtes Ergebnis versessen sind, kommt unser Ego ins Spiel. Das Ego will Sicherheit, Status, Vorzüge und Bequemlichkeiten. Es will den sicheren Deal, die garantierte Rendite, den größtmöglichen eigenen Nutzen.

Aber die Intuition bewegt sich auf einer anderen Ebene. Sie berücksichtigt das gesamte Bild, inklusive Faktoren, die du nicht bewusst wahrnimmst. Und vor allem agiert deine Intuition zum Besten aller – deines eigenen Besten eingeschlossen. Das Ego hingegen ist auf dich allein fixiert und lässt die Position anderer Player außer Acht. Dadurch widersprechen sich Intuition und Ego. Wenn du deinem Ego erlaubst, wichtige Entscheidungen zu treffen, wirst du niemals die volle Kraft deiner Intuition nutzen können.

Ego und Intuition können nicht beide gleichzeitig am Steuer sitzen.

Sobald dein Ego zu laut wird, übertönt es die Stimme deiner Intuition. Zahlreiche zuvor erfolgreiche Geschäftsleute sind so bereits singend untergegangen, ohne überhaupt das Wasser gesehen zu haben. Diejenigen aber, die ihrer Intuition die Entscheidungen überlassen und das Ego hintenanstellen, sind langfristig erfolgreich.

Um das zu erreichen, spielt dein Umfeld eine große Rolle: Umgibst du dich mit Egozentrikern, die dich dazu anhalten, den neuesten Trends zu folgen, um persönlichen Gewinn daraus zu ziehen? Oder hältst du Abstand vom Gerede der Leute und den Tücken materieller Begierden? Große Entscheider wie Multimilliardär Warren Buffett in Omaha oder Richard Branson auf seiner privaten Insel lassen sich nicht von ihrem Umfeld ablenken. Sie sind in der Lage, ihre Intuition ohne die Einflüsse eines materialistischen oder oberflächlichen Lebensstils zu hören. Das bedeutet nicht, dass sie sich keinen Luxus gönnen. Es bedeutet lediglich, dass ihre Entscheidungsfähigkeit nicht davon beeinträchtigt wird.

48. WENN ES DIR UM NICHTS GEHT, BEKOMMST DU ALLES

Genau diese Lehre zog ich aus einer Pokerreise auf Zypern. Im Gegensatz zu anderen Pokerspielern, die sich um Plätze an Tischen mit schwachen Spielern stritten oder jede verfügbare Minute im Casino verbrachten, sah ich die Reise deutlich gelassener. Ich lag mit Freunden am Strand, ging lecker Essen und wenn ich Lust hatte, spielte ich.

Das brachte mir beim Floor Manager einen guten Ruf ein und eines Tages fragte er mich, ob ich an einer Pokerrunde mit dem Casinobesitzer und einigen befreundeten Geschäftsleuten teilnehmen wolle. Selbst um diese Chance schlug ich mich nicht, sondern entschied am Folgetag spontan mitzuspielen.
Da mich alles interessiert, was mit Business zu tun hat, und ich zu dieser Zeit neben dem Pokerspielen bereits selbst einige Businessdeals verfolgte, passte ich hervorragend in die illustre Runde, die ich da vorfand. Es stellte sich allerdings heraus, dass ich der einzige professionelle Pokerspieler war und mit Abstand am meisten vom Spiel verstand.

Darum ging es mir aber nicht – ich wollte Spaß haben und interessante Gespräche führen. Der Abend wurde immer ausgelassener, die Stimmung war genial und dann kam dieser Moment: Ein Mitspieler deutete an, dass ich eine bestimmte Karte auf der Hand hätte. Anstatt zu verneinen oder den Kommentar zu ignorieren, drehte ich die Karte um und zeigte sie offen. Durch diesen simplen und doch im Pokern unvorstellbaren Akt, den alle um mich herum fasziniert und belustigt beobachteten, entstand eine Dynamik, wie ich sie noch nie erlebt hatte: Plötzlich zeigten auch andere hier und da eine Karte und machten sich einen Spaß daraus.

Was zuerst so aussah, als hätte ich mich angreifbar gemacht, schuf eine Energie, die mir das Spiel deutlich erleichterte. Aber nicht nur das: Ich hatte ein besseres Outcome für alle kreiert. Denn letztendlich ging es uns allen um den Spaß am Spiel. Den hatte ich mit meiner verrückten Idee deutlich erhöht. Dass ich mit Gewinn aus der Sache hervorging, war völlig nebensächlich – was zählte, war die Energie. Dank der weiß ich, dass mich diese Geschäftsmänner selbst jetzt, fünf Jahre später, mit offenen Armen empfangen und mit mir jeden erdenklichen Deal eingehen würden. Business ist eben People's Business und ich hatte ihnen gezeigt, dass ich selbst mit offenen Karten gut spielen kann.

 »Fun is one of the most important – and underrated – ingredients in any successful venture.«

(Richard Branson)[42]

TEIL 5

DAS MINDSET DES GUTEN DEALS

50. EIN GUTER DEAL IST LANGFRISTIG GEDACHT

Um dir die besten Deals in deinem Leben zu sichern, ist es elementar wichtig, auf deine Intuition zu hören und intuitive Entscheidungen zu treffen, so viel steht fest. Deine Intuition weist dir die grobe Richtung, erleichtert dir das Finden deiner persönlichen Vision und leitet dich über Hindernisse und Hürden hin zum erfolgreichen Abschluss deiner Deals. Sie bildet die Grundlage für alle Entscheidungen. Im Mindset für gute Deals kommen allerdings noch weitere Aspekte zum Tragen, die ich dir in diesem Teil nahelegen möchte.

Der größte Vorteil deiner Intuition ist, dass sie auf mehr Wissen zugreifen kann, als du im gegenwärtigen Moment besitzt. Dank deiner Intuition kannst du zukünftige Entwicklungen abschätzen, ohne greifbare Beweise für ihr Eintreten zu benötigen. Für das Finden der besten Deals ist das aus folgendem Grund bedeutsam: Wann immer ein Deal nur kurzfristig von Vorteil ist, wird er dir langfristig gezwungenermaßen schaden. So geschehen vor einigen Jahren, als ich mit ein paar Freunden in ein Restaurant hier in der Gegend essen ging. Wir gönnten uns einiges an Speisen und Getränken, waren also mehr als gute Kunden an diesem Abend. Trotzdem berechnete uns das Restaurant zwei Euro extra für eine Pizzaschachtel, um übrig gebliebenes Essen einpacken zu können. Nicht dass uns das finanziell etwas ausgemacht hätte, aber die reine Geste der Kleinlichkeit führte dazu, dass ich dem Restaurant danach jahrelang fernblieb und den Inhabern dadurch mehrere Tausend Euro Umsatz verloren gingen. Hätte das Restaurant in dem Moment mehr Wert auf Service gelegt, mit dem Gedanken an einen langfristigen Kundengewinn, anstatt auf die kurzfristigen zwei Euro zu bestehen, wäre der Deal deutlich lukrativer für sie ausgegangen.

»Kurzfristiges Denken hat langfristige Folgen.«

(Hans-Jürgen Quadbeck-Seeger, deutscher Chemiker, Erfinder und Autor)[43]

Wir alle lieben einen schnellen Gewinn, einen kurzfristigen Vorteil, die sofortige Dopamin-Ausschüttung. Wir folgen unseren Instinkten, greifen zu Sachertorte oder Weinflasche und fühlen uns kurzzeitig großartig, spätestens am nächsten Tag aber kommt die ernüchternde Rechnung. Intuitiv wissen wir, dass ein wirklich guter Deal immer in einem größeren Kontext betrachtet werden muss, und genau das lege ich dir nahe: eine Weitwinkelperspektive, selbst wenn dir Instinkte und Ratio weismachen wollen, dass du momentan das Richtige tust.

Erinnere dich an deinen Leitstern, deine Vision, dein langfristiges Ziel. Kurzfristig mag es einfacher erscheinen, direkt darauf zuzusteuern, aber kaum ein Weg ist je geradlinig. Kurven und Hindernisse leiten dich auf scheinbar andere Routen. Solange du aber dein übergeordnetes Ziel im Auge behältst, findest du immer wieder die richtige Richtung dorthin. Das ist das Wesen eines guten, langfristig gedachten Deals. Er bringt dich deiner Vision näher, selbst wenn der Weg dorthin nicht der direkteste ist.

Der direkteste Weg ist nicht immer der zielführende.

Der entscheidende Unterschied zwischen einem kurzfristig vorteilhaften und einem langfristigen Deal ist, dass langfristige Deals Zinseszins mit sich bringen. Mit Zinseszins meine ich hier Nutzen, der dir auf Dauer weiteren Nutzen einbringt, nicht zwingend finanzieller Art. Ich kaufe zum Beispiel meine Ferraris bei einem Händler in Frankfurt, der mir keine Rabatte anbietet. Natürlich könnte ich auch zu einem kleineren Händler fahren und dort vielleicht zwei bis vier Prozent weniger bezahlen. Aber dann ließe ich die Zinseszinsen, die langfristigen Vorteile außer Acht, die mir die guten Beziehungen zum Frankfurter Händler bietet: Kontakte, Events, Freundschaften, aus denen sich wiederum Business ergibt, und vieles mehr.

Sobald du dir eine Perspektive für langfristigen Erfolg aneignest, erkennst du, dass es je nach Marktlage auch Sinn ergibt, Liquidität vor Profitabilität zu stellen. Agiere beim Preis weniger verbissen, wenn du stattdessen die Möglichkeit hast, eine Zahlung über einen längeren Zeitraum hinweg zu tilgen. Teilweise sorgt dann die Inflationsrate allein bereits für einen lukrativeren Deal.

Dank meiner langfristigen Denkweise investiere ich in Deals, die mir auch in Zukunft noch von Nutzen sind und mich nachts ruhig schlafen lassen. Indem ich Wert auf Beziehungen anstatt auf kurzfristige Einsparungen lege, gelange ich zu enormen Vorteilen. Das betrifft auch den immateriellen Wert gemeinnütziger Projekte. Sichere dir mehr als nur finanziellen Gewinn und sammle Karmapunkte – die werden sich dir langfristig auf oft unerwartete Weise auszahlen.

Investiere in Menschen, Beziehungen und manchmal auch in Dinge, die kurzfristig weniger attraktiv erscheinen, solange dir deine Intuition dazu rät. Dann baust du nicht nur langfristigen Erfolg auf, sondern handelst auch zum Besten aller Beteiligten.

51. EIN GUTER DEAL IST WIN-WIN

Wann immer ich mit offenen Karten spiele, jemandem Vertrauen schenke und mich selbst wie auch andere frei reden lasse, kreiere ich Situationen, von denen alle Beteiligten profitieren – ich selbst eingeschlossen.

Manchmal musst du loslassen können und geben, ohne etwas zurückzuerwarten. Denn sobald die Menschen um dich herum erkennen, dass du nicht nur an dir selbst interessiert bist, sondern auch gibst, änderst du das Outcome für alle zum Besseren, auch für dich selbst. In unserer heutigen Zeit sind viele Menschen zu fixiert auf ihren eigenen Gewinn. Sie erkennen nicht, dass die größten Gewinne aus jenen Deals stammen, bei denen alle gewinnen.

**Gib, bevor du nimmst:
Du musst andere gewinnen lassen,
um selbst zu gewinnen.**

Dieses Prinzip der Reziprozität – das Geben und Nehmen – ist nicht nur im Poker wichtig, es ist eine Art Lebensweisheit. Je mehr du gibst, desto mehr wirst du erhalten, oft auf unerwartete Art und Weise. Dabei geht es nicht immer um Geld. Es geht um den gefühlten Wert, den du anderen und dir selbst bringst.

Win-win-Situationen machen das Spiel für alle interessanter und bedeuten in der Businesswelt, dass deutlich mehr Leute mit dir spielen wollen. Zu geben, bevor du nimmst, öffnet dir zahllose Türen und erweckt eine regelrechte Magie zum Leben, ein Abenteuer, eine machtvolle Energie, die alles möglich macht.

> »As we look ahead into the next century, leaders will be those who empower others.«
>
> (Bill Gates, US-amerikanischer Unternehmer und Multimilliardär)[44]

Wenn du das nächste Mal vor einer Entscheidung stehst, denk deshalb daran: Es geht nicht immer nur um den Pot vor dir, sondern um das gesamte Spiel des Lebens. Das beinhaltet langfristiges Denken, aber vor allem auch einen Sinn dafür, was andere weiterbringt. Gib, sei offen und lass andere gewinnen. Dann wirst du sehen, wie sich die Tische zu deinen Gunsten drehen.

Der erfolgreiche Abschluss eines Deals für beide Seiten – die klassische Win-win-Situation – ist einer der wahrscheinlich wichtigsten Aspekte der Langfristigkeit, denn jeder Deal eröffnet dir die Möglichkeit einer langfristigen Beziehung, selbst wenn es zuerst nicht den Anschein hat.

Zum Beispiel verkaufte ich vor einigen Jahren einem Freund eine Immobilie zu einem mehr als fairen Preis. Der Deal fühlte sich gut an und mein Bauchgefühl war zufrieden damit. Damals sah es danach aus, als sei das unser einziger Immobiliendeal und das war völlig in Ordnung für mich. Allerdings ermöglichte ihm dieser erste Kauf, in den Immobilienmarkt einzusteigen und positive Erfahrungen mit der Bank zu sammeln. Das motivierte ihn dazu, weitere Deals mit mir zu machen. In weniger als zwei Jahren erhöhte er sein Immobilienportfolio auf über zehn Millionen Euro und ist heute einer meiner besten und treuesten Käufer.

Bei unserem ersten gemeinsamen Deal hätte ich niemals ein solch rasches Wachstum seinerseits erwartet und vielleicht wäre es auch gar nicht dazu gekommen, hätte ich ihm seine erste Immobilie nicht zu einem derart guten Preis überlassen. Natürlich hätte ich damals mehr verlangen können, aber nun profitiere ich langfristig von einem hervorragenden Kontakt, einem eifrigen Käufer und vielen weiteren lukrativen Deals mit ihm, von denen wir beide profitieren.

Wo ich also zuerst dachte, es handele sich um einen One-of-Deal, einen Deal ohne Folgegeschäft, ergab sich eine für beide Seiten äußerst lukrative Partnerschaft. Wann immer sich jemand auf einen One-of-Deal konzentriert, ist er sich mit großer Wahrscheinlichkeit gar nicht bewusst, welche Kette an Ereignissen von diesem einen Deal ausgehen kann. Kein Deal ist losgelöst oder einzeln zu betrachten. Schau dir stets ein Bild an, das so vollständig wie möglich ist, samt den zukünftigen Entwicklungen und vor allem samt den Visionen, die andere hinter einem Deal sehen.

Es gibt keine One-of-Deals, denn aus jedem Deal geht eine Beziehung hervor.

Langfristige Beziehungen basieren vor allem auf Vertrauen, das durch Ehrlichkeit, durch Transparenz und durch für beide Seiten vorteilhafte Deals gewonnen wurde. Dank gegenseitigem Vertrauen werden Verhandlungen einfacher und Deals laufen geschmeidiger ab – ein Vorteil für beide Seiten.

Daran erkennst du, dass ein Win-win nicht immer monetär sein muss. Oft genug geht es um Serviceleistungen, Zeit, Qualität oder Informationen. Jede Person hat unterschiedliche Bedürfnisse und Erwartungen. Erkennst du diese und erfüllst sie, kannst du eine Beziehung aufbauen, die für beide Seiten vorteilhaft ist. Das muss für dich noch nicht einmal einen großen Aufwand bedeuten. Finde heraus, was du anderen bieten kannst, das für sie von hohem Wert, für dich selbst aber leicht reproduzierbar ist.

Im Geschäftsleben und auch im Leben allgemein ist ein Win-win-Ansatz der nachhaltigste Weg zum Erfolg. Ein guter Deal für beide Seiten schafft einen positiven Energiekreislauf, der weit über den Moment hinaus Bestand hat und durch den du vom Zinseszins deines Handelns profitierst. Indem du in andere investierst und an mehr interessiert bist als an deinem kurzfristigen finanziellen Gewinn, schaffst du ein Umfeld, in dem mehr und mehr lukrative Deals in deinem Leben auftauchen. So findest du Geschäftspartner, die wie du agieren, deinen eigenen Gewinn im Blick behalten und deine Vision unterstützen. Wenn du dann klar kommuniziert hast, was dir wichtig ist und wie deine Vision aussieht, befindest du dich in einer wahren Win-win-Situation für alle Beteiligten, insbesondere für dich selbst.

52. DER BESTE KÄMP- FER VERMEIDET DEN KAMPF

Hast du diese Wahrheit, dass jeder gute Deal eine Win-win-Situation für alle Parteien darstellt, einmal verinnerlicht, merkst du plötzlich, dass du nicht mehr um gute Deals kämpfen musst. Sie ergeben sich von selbst und du musst lediglich flexibel genug sein, sie zu erkennen und zu akzeptieren.

Vielleicht kennst du dieses Zitat von Bruce Lee:

> »Empty your mind. Be formless. Shapeless. Like water. You put water into a cup, it becomes the cup. You put water into a bottle, it becomes the bottle. You put it in a teapot, it becomes the teapot. Water can flow, or it can crash. Be water, my friend.«
>
> (Bruce Lee, Schauspieler und Kampfkunstlegende, 1940–1973) [45]

Anstatt dich zu versteifen und unnachgiebig zu versuchen, dich durchzubeißen, passe dich an. Geh mit dem Flow. Die besten Kämpfer sind diejenigen, die sich auf den Gegner einlassen und flexibel sind. Vor allem aber sind die besten und erfolgreichsten Kämpfer diejenigen, die den Kampf von vornherein vermeiden – die gar nicht erst kämpfen müssen.

So solltest du auch bei Verhandlungen und Geschäftsabschlüssen vorgehen: Sei standhaft, aber nicht starr. Such nicht den

Kampf, sondern die Einigung. Folge deiner Intuition, die dir voraussagen wird, wann sich ein Deal für dich lohnt und wann nicht. Das gibt dir die Freiheit, dein Gegenüber seine eigene Vision ausleben zu lassen.

Oftmals scheitern Verhandlungen oder ziehen sich unnötig in die Länge, weil sich die beteiligten Parteien in einen unnötigen Kampf um Kleinigkeiten verwickeln, den keiner gewinnen kann. Ich erlebe es immer wieder, dass Personen, die weniger Erfahrung mit Deals haben, versuchen, unnötig hart zu kämpfen, obwohl sie dadurch nicht mehr gewinnen, sondern den Abschluss lediglich verzögern. Ich gehe darauf im Kapitel »Punkte abgeben beim Deal« näher ein. Trittst du mit solchen Personen in Verhandlungen ein, kann es erstaunlich zäh und mühsam werden, auch nur einen kleinen Schritt voranzukommen, selbst wenn der Deal eigentlich einen Win-win zum Ziel hat. Für erfahrene Geschäftsleute fühlt sich das an, als seien sie in das falsche Spielfeld geraten. Anstatt gepflegt miteinander zu golfen, finden sie sich plötzlich auf dem Rugby-Rasen wieder.

Ein mühsamer Kampf birgt mehr Kosten als Nutzen. Je erfahrener eine Person ist, desto zügiger können Deals über den Tisch gehen – ganz ohne Kampf. Die Kunst besteht darin, Situationen so zu steuern, dass du einen Kampf oder eine Konfrontation von Anfang an vermeidest.

Der beste Kampf ist der vermiedene Kampf.

Anstatt in den Ring zu steigen, nur weil du es kannst, ist es weitaus produktiver, ein Umfeld zu schaffen, in dem beide Parteien gewinnen. Anstatt die Verhandlung als Kampf zu sehen, betrachte sie als eine Art Training, bei dem jeder seine Fähigkeiten üben und einbringen kann, um gemeinsam Lösungen zu finden.

Natürlich birgt Offenheit auch Risiken, insbesondere in großen Organisationen, aber ich rate trotzdem jedem dazu, lieber zu offen und risikofreudig zu sein als zu verschlossen. Es wird sich auf wundersame Weise auszahlen. Unnötige Gefechte basieren meist auf der Angst, nicht genug zu bekommen oder etwas zu verlieren. Wenn du mit einem Entscheidungsträger verhandelst, der nichts zu verlieren hat, erlebst du deshalb eine völlig andere Verhandlungsdynamik als mit einer Person, die glaubt, viel zu verlieren zu haben. Das ist einer der Gründe, warum ich dir nahelege, dir ein Mindset anzueignen, gemäß dem du nichts zu verlieren hast.

53. MAN KANN NUR GEWINNEN, WENN MAN BEREIT IST ZU VERLIEREN

Offenheit und Risikobereitschaft kultivierst du dir im besten Fall durch einen einfachen Grundsatz, den auch ich mir immer wieder vorsage:

Ich habe nichts zu verlieren.

Klar, ich besitze verschiedene Luxusgüter, aber in der Vergangenheit habe ich auch schon keine besessen und trotzdem gut gelebt. Manchmal bringt es uns mehr, weniger zu haben. Selbst dann liegen die Chancen gut, dass du alles hast, was du brauchst.

Dadurch hast du nichts zu verlieren und wenn du nichts zu verlieren hast, hast du auch keine Angst. Und wenn du keine Angst hast, kannst du all die Vorzüge genießen, die ich oben ansprach: Du kannst frei reden, deinem Gegenüber seine Vision lassen, nachgeben, wenn es sich richtig anfühlt, deine Leidenschaft ausleben, der Energie freien Lauf lassen und vor allem deiner Intuition folgen.

»Wenn ich nichts zu verlieren hatte, hatte ich alles. Als ich aufhörte zu sein, wer ich bin, fand ich mich wieder.«

(Paulo Coelho, brasilianischer Schriftsteller)[46]

Der Gedanke, nichts verlieren zu können, entbindet von der Angst vor dem Scheitern. Ohne Angst kommt auch deine Intuition deutlich besser zum Einsatz. Dann gibst du ihr Raum, sich zu entfalten.

**Wenn du keine Angst vor dem Verlieren hast,
bist du bereit zum Verlieren.
Und wenn du bereit zum Verlieren bist,
gewinnst du viel öfter.**

Seien wir ehrlich: Bei allem, was du tust, kannst du verlieren. Würdest du die Möglichkeit des Verlierens aus deinem Leben ausschließen wollen, dürftest du keinen Schritt vor die Tür wagen, kein Spiel starten und schon gar nicht versuchen, gute Deals abzuschließen. Willst du gewinnen, dann ist das Risiko des Verlierens unvermeidlich.

Nehmen wir ein Beispiel aus der Welt des Pokerns: Du sitzt am Tisch und die Karten werden ausgeteilt. Aus Angst zu verlieren, könntest du jede Hand folden, also jeweils aus der aktuellen Spielrunde aussteigen und keine weiteren Chips einsetzen – bis dir das Geld ausgeht, weil dich die automatischen Blinds, der erzwungene Mindesteinsatz, den du in jeder neuen Runde leisten musst, auffrisst. Im Pokern bist du dazu gezwungen, Hände zu spielen und auch manchmal zu bluffen. Wer nicht spielt, verliert. Nur wer spielt, hat die Chance zu gewinnen. Die nächste Karte kann deine Situation verbessern oder auch nicht. Das ist ein Risiko, das du eingehen musst, wenn du gewinnen willst.

Der Trick besteht darin, eine Niederlage nicht als solche zu betrachten. Werde dir stattdessen bewusst, dass es die Niederlagen sind, die dich voranbringen. Selbst wenn du verlierst, gewinnst du an Erfahrung und Selbstbewusstsein.

Nehmen wir an, du ziehst einen Deal durch und kommst am Ende bei null heraus – so geschehen in einem meiner größten Deals, in denen nach Monaten der Mühe unerwartet ein Beteiligter vor Abschluss verstarb. Dann ziehst du alle weiteren ähnlichen Deals in Zukunft leichter durch, da du trotz mangelndem Abschluss in diesem einen Deal die Erfahrung der verschiedenen vorangegangenen Schritte gesammelt hast.

Auf diese Weise erkennst du, dass es kein Scheitern gibt, vor allem nicht auf lange Sicht. Eine Bewerberin meinte einst zu mir: »Selbst wenn ich hier scheitere ...« Aber scheitern konnte sie nur in ihrem eigenen Kopf. Sogar wenn ich ihr nach kurzer Zeit wieder kündigen würde, bedeutet das nicht, dass sie gescheitert ist – im Gegenteil, denn aller Wahrscheinlichkeit nach hat sie während der Anstellung viel gelernt und wichtige Erfahrungen gesammelt. Selbst schmerzhafte Erlebnisse gehören zum Wachstumsprozess dazu und du weißt nie, wohin dich etwas in Zukunft noch bringen wird.

Was du verlierst, ist letztlich ein Gewinn in anderer Sache – Erfahrung, Beziehungen, Selbstbewusstsein.

Reflexion und Lernen sind ein nicht endender Prozess, den du widerwillig über dich ergehen lassen kannst – oder den du genießt. Sag dir dafür einfach: Es gibt kein Scheitern. Jedes Scheitern ist ein Fortkommen. Da deine Lebensgeschichte auch nach einer scheinbaren Niederlage nicht endet, sondern weitergeht, dient dir ein Moment, den du vielleicht als Scheitern betrachtest, lediglich als Sprungbrett zu weiteren Erlebnissen. Voraussetzung ist lediglich, dass du den Moment hinter dir lässt und springst.

Risikobereitschaft und die Bereitschaft, zu verlieren, dienen dir im weiteren Sinne als Stärke: Wenn du immer nur die sicheren Wege gehst, wirst du unsicher. Unsicherheit ist im Business wie auch im Leben aber oft eine Schwäche. Manchmal musst du bereit sein, gegen den Strom zu schwimmen, unerwartete Entscheidungen zu treffen und auch zu verlieren, um langfristig zu gewinnen.

54. DEIN WICHTIGSTES WERKZEUG IST DEINE AUTHENTIZITÄT

Ein weiterer wichtiger Vorteil eines angstfreien Lebens ist dieser: Du kannst völlig du selbst sein. Authentizität ist nicht nur befreiend, sie ist auch eine deiner wichtigsten Charaktereigenschaften im Mindset des guten Deals.

Deine Authentizität ist dabei bedeutsamer als dein Ruf und sogar wichtiger als Zuverlässigkeit. Jemand mag nicht pünktlich bezahlen, wenn er mir aber authentisch darlegt, warum das der Fall ist, habe ich kein Problem damit, zu warten. Dank der Authentizität meines Gegenübers weiß ich, dass ich nicht hinters Licht geführt werde.

Dadurch bedingt Authentizität auf gewisse Weise Zuverlässigkeit. Bist du authentisch, wissen andere dich besser einzuschätzen. Auf dich ist Verlass, denn du weichst von deinem Pfad nicht ab, bist kein Fähnchen im Wind. Dadurch schafft Authentizität ein Gefühl der Zuverlässigkeit, das sich nicht einfach in Zahlen oder Abläufen abbilden lässt. Deine Authentizität wirkt auf einer tieferen, intuitiven Ebene und schafft ein Vertrauen, das dir Notlügen oder Schmeicheleien niemals einbringen könnten.

Authentizität schafft Vertrauen.

Vertrauen ist der Schlüssel zu einem guten Deal und es wird dir nur geschenkt, wenn du authentisch auftrittst. Selbst wenn du in einen neuen Bereich einsteigst und noch keinen Ruf in der Branche vorzuweisen hast, öffnet dir deine Authentizität die notwendigen Türen. Menschen spüren intuitiv, ob sich jemand verstellt oder nicht. Zu viele Details verraten jemanden, der sich als etwas auszugeben versucht, das er nicht ist, und es ist praktisch unmöglich, eine Fassade endlos lang aufrechtzuerhalten.

Dich zu verstellen, um vermeintlich schneller ans Ziel zu kommen, funktioniert deshalb fast nie, insbesondere nicht in wichtigen Deals um hohe Beträge. In einer Welt, die oft oberflächlich und leistungsorientiert ist, kann es verführerisch sein, sich zu verstellen oder sich nach den Erwartungen anderer zu richten. Inauthentizität ist aber der direkte Weg ins Unglück, denn dann ziehst du automatisch Leute an, die ebenfalls inauthentisch sind – Menschen, die dich nicht wertschätzen und denen du nicht vertrauen kannst.

Wann immer du also das Gefühl hast, dich vor anderen verstellen zu müssen, um akzeptiert zu werden, bist du auf dem völlig falschen Weg. Insbesondere wenn du dich verstellst, um einen Deal nicht zu verlieren, verlierst du ihn eher. Andere spüren dann, dass du nicht du selbst bist, und werden nur ungern mit dir Geschäfte machen.

Sei authentisch, selbst im gesellschaftlichen Kontext. Es ist in Ordnung, wenn du eine andere Meinung vertrittst als die Mehrheit. Das ist sogar notwendig. Folgst du ständig nur der Masse, dann bist du wahrscheinlich nicht authentisch, sondern lediglich eine Kopie von vielen. Und wer sagt, dass die Masse recht hat?

 »Durch nichts bezeichnen die Menschen mehr ihren Charakter als durch das, was sie lächerlich finden.«

(Johann Wolfgang von Goethe)

Es mag riskant erscheinen, eine unkonventionelle Meinung zu vertreten, aber nur wer authentisch auftritt, zeigt, dass er eine eigene, fundierte Perspektive besitzt. Lebst du dein authentisches Selbst aus, wirkst du wie ein Magnet: Dann ziehst du die richtigen Gelegenheiten, Deals und gleichgesinnte Menschen an, die wirklich zu dir passen, und stößt alles Falsche ab. Das macht deine Authentizität zum Schlüssel für ein erfülltes, erfolgreiches Leben.

Bist du authentisch, ist es im Endeffekt sogar egal, welche Meinung du vertrittst oder welchen Ruf du hast. Selbst jemand, der anderer Meinung ist als du, wird dir mit Respekt begegnen, weil er sieht, dass du Authentizität auch in anderen schätzt. Du bist dann einfach nur du selbst und siehst keinen Grund dafür, auf andere hinabzublicken. Das macht Authentizität zu einem intrinsischen Wert, unabhängig von oberflächlichen Meinungen, die sich je nach Faktenlage ändern können. Deine Authentizität ist objektiv wertvoll und du solltest sie für nichts auf der Welt opfern. Kommt ein Deal nicht zustande, weil dein Gegenüber mit dir als Person nicht klarkommt, dann kannst du dich guten Gewissens auf den nächsten Deal konzentrieren.

55. KEINEN DEAL NUR FÜR DAS GELD!

Was du wahrscheinlich mittlerweile als einen Kerngedanken des Mindsets für gute Deals erkannt hast, ist das: Deals sollen dich zu langfristigem Erfolg führen. Solche Deals folgen deshalb deiner Intuition, berücksichtigen die Vision und die Ziele deines Gegenübers und du musst dich für ihren Abschluss nicht verstellen. Alles andere wäre zu kurzfristig gedacht. Genau aus diesem Grund bergen auch Deals, bei denen es nur um Geld geht, keinen langfristigen Erfolg.

Zugegeben, früher dachte ich anders. Mir ging es darum, so schnell wie möglich viel Geld zu machen. Die Langfristigkeit von Deals war mir egal. Auf den ersten Blick schien das auch zu funktionieren. Ich dachte, das gewonnene Kapital würde mir Flexibilität bei der Umsetzung langfristiger Projekte einbringen. Dabei übersah ich aber etwas Entscheidendes.

Der Preis, den ich für dieses schnelle Geld bezahlte in Form von Energie, Beziehungen und meinem Ruf, war zu hoch und blockierte im Endeffekt mein langfristiges Vorankommen. Ich fühlte mich ausgelaugt, die Leute um mich herum zogen sich von mir zurück und ich merkte, dass ich mehr und mehr von meinem Weg abkam.

Kurzfristig mag es so erscheinen, als würdest du von einem Deal, der nur auf Geld aus ist, profitieren. Aber langfristig zahlt sich ein solcher Deal nicht aus. Das Gefährliche dabei ist, dass du manchmal gar nicht erkennst, dass du einen

Deal nur für das Geld machst. Du denkst, es sei ein guter Deal, weil die Zahlen stimmen. Aber sobald das Geld da ist, merkst du, dass du etwas anderes dafür opfern musstest – vielleicht deine Gesundheit, weil du zu viele Überstunden gemacht hast, vielleicht deine Authentizität, weil du Dinge getan hast, die nicht zu dir passen. Oder vielleicht war das Opfer die Qualität deiner Arbeit, weil du sie hast leiden lassen, um schneller zum Abschluss zu kommen.

Ein Deal nur für das Geld ist das Geld nicht wert.

Ein Deal nur des Geldes wegen ist normalerweise ein Deal, für den jemand anderes bezahlen muss. Das führt zum Kampf mit dir als finanziellem Gewinner, aber deinem Gegenüber als Verlierer und zahlreichen Kollateralschäden, den Opfern, die du bringen musst. Ein Deal, der stattdessen wie oben angesprochen eine Win-win-Situation für alle Beteiligten anstrebt, bringt hingegen deutlich weniger Opfer mit sich. Dann liegt der Fokus nicht auf dem Geld allein, sondern auf den vielen anderen Aspekten, die einen guten Deal ausmachen – Geschäftsbeziehungen, das eigene Wohlbefinden, sogar Spaß an der Sache können ein ausschlaggebender Punkt sein.

Denk immer an das große Ganze und profitiere von echtem Erfolg. Der beinhaltet unter anderem auch deine persönliche Entwicklung – etwas, das du nicht mit Geld kaufen kannst. Basierend auf dieser Entwicklung stellt sich letztendlich auch dein finanzieller Erfolg von selbst ein.

Heute weiß ich: Der Fokus auf schnelles Geld, selbst mit der Absicht, es für langfristige Projekte einzusetzen, ist ein Umweg, der dich vom eigentlichen Erfolg abhält. Am Ende musst du zurückrudern, umdenken oder einige Schritte zurückgehen und den eingeschlagenen Pfad des schnellen

Reichtums verlassen. Das kostet dich deutlich mehr Zeit, als wenn du von vornherein dem Pfad guter, langfristiger Deals ohne Fokus auf finanziellen Gewinn gefolgt wärst.

56. JEDER DEAL HAT FOLGEN

Das große Ganze zu berücksichtigen ist deshalb so entscheidend, weil jeder Deal Folgen hat. Erinnere dich an die Langfristigkeit guter Deals: Als ich damals dem Freund eine günstige Immobilie verschaffte und ihm dadurch den Weg zu seiner überraschenden Karriere im Immobilienbusiness ebnete, erkannte ich, dass es keine One-of-Deals gibt. Jeder Deal hat Folgen und damit meine ich wirklich jeder – nicht nur unternehmerische Entscheidungen, sondern alle erdenklichen Formen von Deals, angefangen bei den kleinstmöglichen, die du nur mit dir selbst zu Hause triffst, bis hin zu den größtmöglichen und schwerwiegendsten Deals deines Lebens.

Obwohl wir Deals wortwörtlich »abschließen«, ist kein Deal ein Schlusspunkt oder das Ende, sondern immer der Beginn von etwas Neuem.

Aus jedem Deal geht zumindest eine Beziehung mit anderen Beteiligten oder Betroffenen hervor, daher kann ein Deal niemals isoliert betrachtet werden. Ein Deal ist nie eine in sich abgeschlossene Einheit, sondern immer Teil eines größeren Ganzen. Sobald du diesen Grundsatz berücksichtigst, ändern sich deine Denkweise und dein Ansatz beim Verhandeln und Entscheiden radikal.

Dann denkst du nicht mehr nur in Schwarz und Weiß, gut und schlecht, sondern kannst die vielen Feinheiten und Details abwägen, die ein Deal mit sich bringt. In Spielen wie Poker weiß der erfahrene Spieler, dass jede Hand Folgen hat. Du könntest mit den besten Karten »all in« gehen, aber bringt es dich zu deinem gewünschten Ergebnis? Wird der Gegner mitgehen?

Man könnte auch sagen, ein Deal schlägt Wellen. Diese Wellen breiten sich aus und treffen auf andere Objekte, welche wiederum Wellen verursachen. So sind die Folgen eines Deals nie linear und eindeutig, sondern vielschichtig. Ignorierst du das Gesamtbild und den Kontext eines Deals, triffst du eventuell Entscheidungen, die du später bereust, weil du Wellen verursacht hast, die dir im weiteren Verlauf schaden.

Was ich damit sagen möchte: Ein Deal ist nie wirklich zu Ende. Der Abschluss eines Deals setzt eine Reihe von Auswirkungen in Gang. Manche dieser Auswirkungen magst du nicht sofort sehen, aber sie sind trotzdem da und beeinflussen dich und andere. Das Bewusstsein um die Folgen eines Deals entscheidet deshalb darüber, wie deine Strategie aussehen sollte, um dein langfristiges Ziel anzustreben. Vorauszudenken ist wie ein Muskel, den du trainieren kannst. Je öfter du dir Gedanken über die möglichen Folgen eines Deals machst, desto besser wirst du im Abschätzen dieser Folgen. Bist du für den Kontext und die Folgen eines Deals offen, erlaubst du auch deiner Intuition deutlich mehr Spielraum.

»Intuition beantwortet auch Fragen, die wir erst noch stellen wollten.«

(Kersten Kämpfer, Dr.-Ing. der Technischen Kybernetik und Automatisierungstechnik)[48]

Mit einem offenen Mindset, das mehr als nur »Deal or no Deal« sieht, kann deine Intuition ihr umfassendes Wissen über zukünftige Wirkungen einbringen und dich vor Folgen warnen, die für dich nicht offensichtlich sind. Mit den Folgen eines Deals im Blick und deiner Intuition in der Hinterhand kannst du dich dann ausschließlich auf die Deals konzentrieren, die dir auch in Zukunft den bestmöglichen Outcome einbringen.

57. DEALS RADIKAL AUSSORTIEREN

Das sind die Deals, auf die du dich konzentrieren solltest: die bestmöglichen. Und um die zu finden, brauchst du deine Intuition.

Im Laufe der Zeit habe ich gelernt, dass mir meine Intuition erlaubt, Deals in Sekundenschnelle auszusortieren. Sehe ich ein Objekt oder eine Geschäftsmöglichkeit und spüre nicht sofort ein »Hell yeah!«, bedeutet das für mich ein klares »Nein«. Dazwischen gibt es nichts. Bei der Entscheidung für oder gegen einen Deal denke ich polar: Entweder ich bringe mich voll ein oder ich lasse die Finger davon. Erst wenn ich mich für einen Deal entschieden habe, kommt eine vielschichtige Denkweise zum Tragen, die mir erlaubt, einen Deal in seiner vollen Tragweite einzuschätzen.

Davor aber heißt es »Alles oder nichts«. Entweder du bist begeistert von einem Deal und spürst die intuitiven Schmetterlinge im Bauch oder du sortierst einen Deal als ungeeignet aus. Wir verschwenden viel zu viel Zeit damit, uns schlechte Deals schönzureden oder um ein »Vielleicht« herumzutanzen wie um ein heißes Lagerfeuer, anstatt einen gesunden Schritt zurückzutreten.

»The difference between successful people and really successful people is that really successful people say ›No‹ to almost everything.«

(Warren Buffett, Investor, Unternehmer und Multimilliardär)[49]

Ein klares »Nein« ist mein Schutzmechanismus und es sollte auch deiner sein. Alles, was dich nicht auf Anhieb fesselt, raubt dir lediglich Zeit und Energie. Da jeder Deal bekanntlich Folgen hat, kostet er dich etwas. Stell dir das wie Wasser vor: Du verfügst nur über eine begrenzte Menge an Wasser, die du in Deals fließen lassen kannst. Wann immer du einen Deal eingehst, öffnest du eine Schleuse und verbrauchst Wasser. Fließt dein Wasser zu oft in zu viele unnütze Deals, fehlt dir am Ende die Power für die wirklich wichtigen Herausforderungen und die bestmöglichen Deals.

»It's only by saying no that you can concentrate on the things that are really important.«

(Steve Jobs)[50]

Wann immer du dich für etwas entscheidest, entscheidest du dich automatisch gegen eine Vielzahl anderer Möglichkeiten. Du folgst einem bestimmten Pfad und kannst deshalb andere Pfade nicht zur gleichen Zeit einschlagen. Stellt sich der gewählte Pfad als Sackgasse heraus, musst du erst mühsam umkehren und deine Schritte zurückverfolgen, bevor du dich umentscheiden kannst. Das macht nicht lukrative Deals zur echten Zeitverschwendung, die dich eventuell auch komplett für bessere Deals blockieren kann.

Deshalb setze ich meine Intuition ein, um mir und anderen Zeit zu sparen. Vor einigen Jahren besichtigte ich zum Beispiel ein Objekt, das auf dem Papier perfekt aussah. Der Verkäufer reiste extra zweieinhalb Stunden an, um es mir zu präsentieren. Aber bereits nach 15 Minuten brach ich die Besichtigung ab, weil ich wusste, dass ich ihm nur seine Zeit stahl. Meine Intuition hatte sich bereits beim ersten Anblick gegen den Deal entschieden, auch wenn ich nur einen Bruchteil des Objekts gesehen hatte. Die Besichtigung zu Ende zu führen, wäre mir selbst und dem Verkäufer gegenüber unfair gewesen. Als würden wir einem Prozess nur um des Prozesses willen folgen. Prozesse sind aber dazu da, Ergebnisse sicherzustellen. Bist du am Ergebnis nicht interessiert, brauchst du auch keinen Prozess.

Indem du Angebote und Chancen, die nicht zu 100 Prozent passen, radikal aussortierst, schaffst du Freiraum für die wirklich guten Gelegenheiten. Du verschwendest keine Zeit und Energie an Dinge, die dich nicht voll und ganz faszinieren und deine Intuition ansprechen.

Radikales Aussortieren ist eine Kunst, die du beherrschen musst, um deinem Leben mehr Qualität und Intensität zu geben. Sortiere radikal aus, was dir nicht dient, und konzentriere dich auf das, was wirklich zählt. Denn nur wenn du dir selbst treu bleibst und zu deinem Optimum handelst, holst du das absolut Beste aus deinen Deals heraus. Und wenn das bedeutet, dass du eine Zeit lang keine Deals abschließt, dann ist auch das in Ordnung. Früher oder später begegnet dir wieder ein hervorragender Deal, bei dem du enthusiastisch »Hell yeah!« rufen kannst – und dann hast du all deine Energie und Ressourcen parat, um ihm folgen zu können.

»Are you being productive, or just being busy?«

(John C. Maxwell, Autor, Coach und Redner)[51]

58. WAS IST RISIKO?

Nachdem deine Intuition »Hell yeah!« gerufen und dich auf einen guten Deal aufmerksam gemacht hat, liegt es an dir, das Bestmögliche aus dem Deal herauszuholen. Erinnere dich an die optimale Kombination aus Intuition und Ratio: Deine Intuition weist dir den Weg, deine Ratio hilft dir dabei, ihn zu beschreiten. Um dem Weg hin zum erfolgreichen Deal folgen zu können, musst du unter Hinzuziehung deiner Ratio einen Blick auf die bestehenden Risiken werfen.

Ein Risiko ist die Wahrscheinlichkeit des Eintritts eines zukünftigen negativen Ereignisses oder Schadens. Was jemand als negativen Ausgang empfindet, variiert von Person zu Person. Das macht die Bewertung von Risiken stets subjektiv und facettenreich. Selbst möglichst objektiv betrachtet, ist Risiko nicht statisch, sondern dynamisch und fließend. Es verändert sich mit den Umständen, den Marktkonditionen und einer Vielzahl anderer Variablen.

Ich erinnere mich zum Beispiel an einen Immobiliendeal, bei dem ich ein Bodengutachten benötigte. Der Verkäufer wollte es nicht machen, also musste ich investieren. Es ging um 20.000 Euro. Wollte ich den Verlust dieser Summe riskieren? Die Antwort lautete »Ja«, denn ohne das Bodengutachten wäre der Deal geplatzt. Ich warf einen Blick auf die potenziellen Gewinne und wusste, dass sie die Kosten des Gutachtens wert waren.

Jede Handlung, jede Entscheidung birgt Risiken. Dadurch ist auch jeder Deal mit Risiken verbunden – egal ob du ihn machst oder nicht. Beschließt du zum Beispiel, in den Urlaub zu fliegen, besteht das Risiko, dass du zu Hause eine gute Businessmöglichkeit verpasst. Fliegst du nicht in den Urlaub, verpasst du aber eventuell am Urlaubsort eine Bekanntschaft, die dir zu einem noch besseren Deal verholfen hätte. Das Leben an sich besteht aus einer endlosen Reihe von Risiken. Einen risikolosen Deal wirst du deshalb nicht finden. Die Kunst besteht darin, Risiken richtig einzuschätzen.

 »Risk taking is the cornerstone of empires.«

(Estée Lauder, Unternehmerin, 1906–2004)[52]

59. RISIKO RICHTIG EINSCHÄTZEN

Interessanterweise werden Risiken normalerweise entweder stark überschätzt oder stark unterschätzt, aber kaum realistisch betrachtet. Jemand erkennt einen guten Deal und sieht durch die rosarote Brille nur noch die Upside, also die positiven Effekte, während er die Downside, die möglichen Risiken, ignoriert. Gleichermaßen schrecken viele vor eigentlich lukrativen Deals zurück, weil sie sich nur auf die Downside fokussieren.

Kauft zum Beispiel jemand eine Immobilie für 700.000 Euro, könnte man meinen, er riskiere diese 700.000 Euro. Dabei liegt das Risiko niemals beim Kaufpreis, sondern normalerweise darunter, sonst wäre die Immobilie ja faktisch wertlos.

Anstatt Risiken schwarz und weiß zu sehen, bewerte sie lieber auf einer Skala von 0 bis 100. Es ist äußerst selten, dass ein Risiko bei 100 oder komplett bei 0 liegt. Stattdessen bewegen wir uns in der Grauzone dazwischen. Verabschiede dich vom binären Konzept von Risiko und betrachte Risiken in ihrer Gesamtheit und ihrem Kontext. Jedes Risiko verdient es, gründlich analysiert zu werden, damit du fundierte, ausgewogene Entscheidungen treffen kannst.

Eine wichtige Fähigkeit ist es deshalb, Risiken und Szenarien in ihren verschiedenen Facetten und möglichen Ausgängen zu durchdenken. Zum Beispiel bei einer Immobilieninvestition: Es ist nicht genug, nur den Kaufpreis als Risiko zu sehen.

Die Qualität der Mieter, die Art der Immobilie, der Markt und andere Faktoren spielen ebenfalls eine Rolle. Ein einzelner Mieter in einer Gewerbeimmobilie verursacht zwar weniger Aufwand, bedeutet aber ein höheres Ausfallrisiko, wobei mehrere kleinere Mieter bei höherem Aufwand das Risiko streuen. Oder schau dir das Gesetz der Mietpreisbremse an: Grundsätzlich sind Investitionen in Wohnimmobilien eine gute Idee, in Zeiten extremer Inflation und steigender Zinsen erhöht dieses Gesetz aber das Risiko für Verluste in Wohnimmobilieninvestitionen, da es die Mietsteigerungen begrenzt. Dadurch könnten die Erträge hinter den steigenden Finanzierungskosten zurückbleiben.

Für die Einschätzung von Risiken frage ich mich daher stets Folgendes:

1. **Welches Risiko sehe ich?**

2. **Unabhängig von der Wahrscheinlichkeit: Was passiert, wenn dieses Risiko eintritt?**

Diese Fragen helfen mir, die potenziellen Auswirkungen besser zu verstehen und Risiken klarer zu sehen.

Als ich zum Beispiel meinen ersten Ferrari bestellte, tat ich das zu einer Zeit, als das für mich noch eine große finanzielle Investition war. Also sprach ich mit einem befreundeten Händler, um meine Risiken besser einschätzen zu können. Meine Hauptüberlegung drehte sich darum, welches finanzielle Risiko ich tragen würde, wenn ich das Auto nicht abnehmen könnte. Er sagte mir, dass dieses Ferrari-Modell sehr begehrt sei und ich definitiv Abnehmer fände, ich aber die Anzahlung von 20.000 Euro nicht zurückbekäme. Obwohl ich also ein Auto für 220.000 Euro bestellte, betrug mein finanzielles Risiko nur 20.000 Euro. Das setzte den gesamten Bestellvorgang in Perspektive.

Die intensive Betrachtung dessen, was im schlimmsten Fall passieren könnte, half mir, eine fundierte Entscheidung zu treffen. Auch dieses Beispiel zeigt allerdings, dass Risiken immer subjektiv sind. Manche würden das Fahren eines so kraftvollen Fahrzeugs allein bereits als Risiko sehen, während ich mich in einem Ferrari sicherer fühle als auf einem gedrosselten Moped.

Im Endeffekt kommt es auch bei der Einschätzung von Risiken immer auf deine individuelle Intuition an. Wenn Leute meinen, ich tätige risikoreiche Investitionen, sehen sie nicht, dass ich auf meine Intuition höre und daher von vornherein weiß, ob ein Deal für mich gut oder schlecht ausgehen wird. Meine Intuition weist mir den Weg. Dann liegt es nur noch an mir, die Risiken auf diesem Weg unter Nutzung meiner Ratio richtig einzuschätzen und sicher zu umschiffen. Um alle Risiken zu erkennen und abwägen zu können, ist es dabei von entscheidender Bedeutung, einen Deal mit der richtigen Denkweise anzugehen.

**Das größte Risiko ist das,
mit dem du dich nicht beschäftigst.**

60. MIT EINER KREATIVEN DENKWEISE ZUM GUTEN DEAL

Nicht umsonst schreibe ich in diesem Teil vom Mindset des guten Deals: Es ist dein Mindset, deine Denkweise, die dir die besten Deals eröffnet. Ich bin davon überzeugt, dass ein herausragender Deal das Produkt einer kreativen und unkonventionellen Denkweise ist. Viele Menschen übersehen Chancen, weil sie sich nicht trauen, über den Tellerrand zu blicken und Dinge von einem anderen Winkel aus zu betrachten.

Dabei kannst du die Möglichkeiten, die dir ein Deal bietet, nur durch Kreativität wirklich erforschen. Das macht deine kreative Denkweise zum wichtigsten Teil der Einschätzung eines Deals: Welche Möglichkeiten bietet dir ein Deal wirklich? Wie kannst du das Bestmögliche aus einer Situation herausholen?

Hauptwert identifizieren

Um diese Fragen zu beantworten, identifiziere ich zuerst den Hauptwert eines Deals. Was ist das Element, das den größten Wert oder Hebel in einer Investition darstellt? Deine Aufgabe ist es, die Kernelemente eines Deals herauszufinden und zu verstehen, was den größten Einfluss auf den Erfolg deiner Investition haben wird.

Ich kaufte zum Beispiel einst eine vierstöckige Gewerbeimmobilie in hervorragender Lage in der Innenstadt. Das Objekt stand leer, nachdem mehrere große Bekleidungsgeschäfte hier gescheitert und bankrottgegangen waren. Die populäre Meinung bestand darin, dass das größte Risiko dieser Immobilie darin lag, keinen Mieter für die enorme Fläche des Objekts zu finden. Auch ich war zuerst zu sehr auf diese Denkweise fixiert – bis ich plötzlich zu einer anderen Einsicht gelangte.

Nach einem weinreichen Abendessen mit Freunden lief ich spätnachts an besagter Immobilie vorbei, blieb stehen und erlaubte mir den Blick über den Tellerrand. Im Erdgeschoss des Gebäudes befand sich ein Bäcker und der Rest des Erdgeschosses war groß genug für mehrere weitere Einzelhandelsunternehmen. Ein Anruf bei meinem Makler am nächsten Morgen bestätigte meine Vorahnung: Das Erdgeschoss des Objekts allein bot genügend Raum für Gewerbemieter, um die Kosten des gesamten Gebäudes zu decken. Ich hatte den Hauptwert identifiziert.

Es ging also gar nicht darum, alle vier Stockwerke zu füllen. Selbst wenn ich keinen derartigen Mieter finden würde, könnte ich einfach über dem Erdgeschoss zubetonieren. Das bescheinigten mir auch ein Statiker und ein Brandschutzexperte. Diese Idee war für mich so offensichtlich und derart lukrativ, dass plötzlich das Hauptrisiko des Deals darin bestand, dass mir jemand die Immobilie wegschnappte, bevor ich sie kaufen konnte.

Dank eines vorgezogenen Notartermins bekamen meine Geschäftspartner und ich die Immobilie – und fanden sogar einen Mieter für die oberen Geschosse. Nicht nur das: Wir siedelten dort zusätzlich eine Krankenkasse, Gastronomie und sogar Büroräumlichkeiten der Stadt an. Selbst die Statuen vor dem Gebäude bereiteten wir ansehnlich auf. Was zuvor ein leer stehendes Skelett war, ist nun ein Wohlfühlobjekt, das den gesamten Stadtteil aufwertet. Ein echter Win-win auf allen Seiten.

Hauptwert einschätzen

Meine Intuition hatte wie immer recht und meine Ratio half mir bei der sicheren Umsetzung. Das Erdgeschoss war der Hauptwert, sozusagen das Filetstück dieses Deals. Das erkannte nur sonst niemand schnell genug. Dieser Hauptwert war aufgrund der hervorragenden Lage der Immobilie eine pure Upside mit kaum Downside. Er hebelte das Risiko, keinen Mieter für den Rest der Fläche zu finden, komplett aus.

Denn darum geht es im nächsten Schritt nach Identifizierung des Hauptwerts: das Abschätzen der mit dem Hauptwert verbundenen Risiken. Idealerweise ist der identifizierte Hauptwert nicht mit großen Risiken verbunden. Wenn sich zum Beispiel ein noch nicht fertiggestelltes Hotel in einer exzellenten Lage befindet, bildet die Lage den Hauptwert. Diese kann kaum von Risiken beeinträchtigt werden, es sei denn, dass Naturkatastrophen oder enormer gesellschaftlicher Wandel die gesamte Gegend beeinflussen. Wenn es keine direkten Risiken gibt, die den Hauptwert betreffen, hast du eine solide Grundlage für einen guten Deal gefunden, selbst wenn daneben andere Risiken vorliegen. Es könnten beispielsweise Verzögerungen in der Fertigstellung des Hotels auftreten, aber die Lage bleibt davon unangetastet als Wert bestehen.

Ähnlich erging es mir bei einem Deal in einem verschlafenen 800-Seelen-Ort, Hauptsitz eines Traditionsunternehmens, das sich seit Jahren auf dem absteigenden Ast befand. Das Unternehmen wollte seine Immobilien verkaufen und dann mit einem Zwei-Jahres-Mietvertrag anmieten. Das Risiko, das alle dabei sahen, schien eindeutig: eine für den kleinen Ort viel zu große Immobilie, zugeschnitten auf die speziellen Bedürfnisse dieses einen Mieters, der sich lediglich für zwei Jahre binden will. Ich sah es anders.

Der Parkplatz des Unternehmens allein umfasste ca. 6.500 Quadratmeter – und war als Wohngebiet ausgezeichnet. Selbst wenn ich mit dem kompletten bebauten Rest des Grundstücks nichts anfangen würde, wäre das immer noch ein lukrativer Deal gewesen. Des Weiteren betrug der Mietvertrag zwar nur zwei Jahre, aber das Unternehmen war seit über 50 Jahren an diesem Ort ansässig und plante keinen Wegzug. Für kurzfristige Bindung konnte ich mehr Geld verlangen, während die Chancen sehr hoch standen, dass das Unternehmen den Mietvertrag wieder und wieder verlängern würde, um an seinem Heimatort zu bleiben. Auch wenn das Unternehmen vom Milliarden-D-Mark-Unternehmen auf einen Umsatz von ca. 150 Millionen Euro abgestiegen war, sind Umsätze in dieser Höhe noch immer beachtlich. Es handelte sich schlichtweg um kein Unternehmen, das eben mal untergehen würde.

Aber selbst wenn: Wäre das Unternehmen ausgezogen, hätte ich etwa 8.000 Quadratmeter bebaute Fläche in weitere Wohnfläche umwandeln und den damals bereits vorhandenen Wohnungsboom bedienen können. Etwas, das alle anderen als Risiko sahen, sah ich dank einer unkonventionellen Denkweise als Geschenk.

Was, wenn ein Risiko eigentlich eine Chance ist?

Der Hauptwert bestand für mich in der Parkplatzfläche. Diese allein kegelte jegliche anderen Risiken aus dem Rennen. Alles Weitere waren Geschenke. Als ich mit meiner Idee zur Bank ging, war der Willkommenssatz des Bankers: »Wow, da haben die ja wirklich einen Tollen gefunden.« Nach 45 Minuten Gespräch wandelte sich der Sarkasmus zu einem verblüfften: »Klar machen wir die Finanzierung!«

Downside und Upside abwägen

Hast du deinen Hauptwert identifiziert und die mit ihm verbundenen Risiken eingeschätzt, kannst du eine solche Abwägung auch mit allen weiteren Aspekten des Investments durchführen. Was sind die nächsten Werte? Und welche Risiken bergen sie? Am Schluss liegt dir eine Auflistung von Chancen und Risiken, der kompletten Upside und Downside, vor.

Auch hier zählt die kreative Denkweise: Finde Chancen und Möglichkeiten, die andere nicht sehen, und lass dich vor allem nicht von den Meinungen anderer blenden.

Meinungen hinterfragen

Die größten Deals sind die, auf die der Rest der Welt auf die gleiche Weise blickt – und die du in einem neuen Licht betrachtest. Bei allen Deals solltest du deshalb immer die weitverbreiteten Meinungen hinterfragen. Sobald du einen Satz wie »Niemand investiert dort« hörst, musst du dich fragen: Warum? Das Hinterfragen sollte dein erster Impuls sein. Zu oft basieren die Meinungen anderer auf falschen oder veralteten Informationen oder schlichtweg auf Hörensagen.

Frag dich auch, ob es bei einer Investition Raum für Verbesserungen oder Änderungen gibt. Die Welt verändert sich ständig und diese Veränderungen beeinflussen auch Wertvorstellungen. Etwas, das heute als wertlos betrachtet wird, könnte morgen eine wahre Goldgrube sein. Sei darauf vorbereitet, diese Veränderungen herauszufiltern und zu erkennen, wie sie die Risiken und Chancen in deinen Deals beeinflussen.

»Most people get interested in stocks when everyone else is. The time to get interested is when no one else is. You can't buy what is popular and do well.«

(Warren Buffett)[53]

Erlaube dir, Dinge aus einer neuen Perspektive zu betrachten, selbst wenn andere Investoren oder Experten anderer Meinung sind. Hab das Selbstvertrauen zu glauben, dass andere falsch liegen könnten und du einen besseren Weg oder einen verborgenen Wert aufspüren könntest. Führe deine eigenen Analysen und Bewertungen durch und vertrau darauf, wenn dir deine Intuition einen guten Deal vorschlägt.

Auf diese Weise wirst du in die Lage versetzt, dort Werte zu finden, wo andere nur Risiken und Probleme sehen.

61. DIE DOWNSIDE MINIMIEREN

Mir passiert es immer wieder, dass ich Chancen sehe, die andere verkennen, allerdings war das kaum je so eindeutig wie in diesem Fall: Ich wollte ein Apartmenthaus mit 16 Einheiten für einen Spottpreis erstehen. Für mich stand der Profit, der sich aus diesem Deal ergeben würde, außer Frage. Die sanitären Anlagen allein – das Teuerste am Herstellen von Wohnraum – machten den Deal zum No-Brainer. Leider sahen die Banken das anders.

Geschlagene neun Banken erteilten mir eine Absage für die Finanzierung. Warum, ist mir bis heute unklar. Plötzlich bestand die Möglichkeit, dass ich andere Objekte verkaufen müsste, um dieses finanzieren zu können – dabei hatte ich den Vertrag beim Notar bereits übereifrig unterschrieben. Glücklicherweise erwiesen sich die Absagen als Geschenk. Bei der zehnten Bank bekam ich die Zusage für eine Finanzierung, die besser nicht hätte ausfallen können.

Diese Bank sah, was ich sah: das Potenzial für Ferien- oder Monteurwohnungen. Aufgrund von Corona und der Flüchtlingskrise kam allerdings auch hier alles anders als gedacht und ich vermietete das komplette Objekt stattdessen an die Stadt, die es als sozialen Wohnraum zur Verfügung stellte. So wurde das Investment dennoch zum Erfolg und ich konnte diesen Erfolg zu den Banken tragen, die zuvor nicht an meine Vision geglaubt hatten. Der angenehme Nebeneffekt daraus: Derartige Deals verschaffen dir einen Ruf, der Menschen an dich glauben lässt, selbst wenn sie deine Berechnungen und Visionen nicht verstehen.

Für mich war der Hauptwert dieses Deals (die sanitären Anlagen für einen unschlagbaren Preis) eindeutig und oft ist es bereits dieser eine Hauptwert, der eine eventuelle Downside wettmacht. Ein ausreichend großer Hauptwert kann viele kleinere Risiken ausgleichen. Dadurch überwiegt deine Upside automatisch deine Downside und minimiert diese. Wenn du dann dank des Hauptwertes nichts zu verlieren hast, spielt es am Ende keine große Rolle mehr, wie viel du gewinnst. Führst du 100 Deals durch, die dir zwar jeweils nur einen kleinen Gewinn einbringen, aber zumindest keinen Verlust bedeuten, gewinnst du über einen längeren Zeitraum hinweg trotzdem etwas.

»Good traders manage the downside, they don't worry about the upside.«

(Mark Minervini, Aktienhändler und Autor)[54]

Deswegen ist das Minimieren der Downside eine der obersten Regeln von Investments. Große Investoren wie Musk oder Benko sind darin Experten. Sie fokussieren sich darauf, große Volumina zu realisieren und dabei das Risiko so gering wie möglich zu halten. Sie verstehen, dass die Unwägbarkeiten der Welt nicht immer vorhersehbar sind, aber indem sie sich auf das Minimieren der Downside konzentrieren, schaffen sie es, ihre Geschäfte zukunftssicher zu gestalten.

Wenn du konstant deine Downside minimierst, deine Risiken auf einem möglichst niedrigen Level hältst und selbst bei unvorhersehbaren Ereignissen dank eines lukrativen Hauptwertes sicher dastehst, wird sich eines deiner Investments früher oder später als finanzieller Durchbruch erweisen.

62. DIE UPSIDE MAXI-MIEREN

Auf genau diese Weise maximierst du anschließend deine Upside: indem du möglichst viele Deals mit geringer Downside umsetzt.

Involviere dich in einer Vielzahl von Deals, wobei jeder von ihnen das Potenzial hat, zur Goldmine zu werden. Nicht alle werden derart erfolgreich sein, aber zumindest besteht die Möglichkeit. In den allermeisten Fällen kannst du den Zeitpunkt oder das Investment, das tatsächlich boomt, nicht vorhersagen. Selbst die reichsten Menschen der Welt hatten lediglich einen guten Riecher für Potenzial und stellten sich zum richtigen Zeitpunkt im richtigen Markt breit auf. Und dann hatten sie Glück, bereits am Start zu sein, wenn das Rennen begann.

Das rate ich auch dir: Nimm möglichst viele verschiedene Startpositionen ein. Mach dich bereit, loslaufen zu können, sobald sich ein Rennen als profitabel herausstellt und andere Läufer den Startschuss verpassen.

Bring dich in Positionen, die dir erlauben, von unerwarteten Aufschwüngen profitieren zu können.

Das bedeutet auch, dich in Startpositionen, die sich eventuell erst noch entwickeln, in Geduld zu üben. Viele Investoren machen den Fehler, ihr Portfolio umzuschichten, sobald sie signifikante Gewinne sehen. Sie verkaufen Assets, die im Wert gestiegen sind, und diversifizieren in andere Bereiche. Dabei übersehen sie die relativ hohe Wahrscheinlichkeit, dass das Asset weiter im Wert steigen wird und besser behalten werden sollte.

Kauft zum Beispiel jemand ein Zirkusgelände in Berlin, dann kann es sein, dass er für die nächsten 25 Jahre ein klein wenig Profit durch den Zirkus einnimmt, dabei aber mehr oder weniger bei null herauskommt. Oder es kann sein, dass das Gelände nach einigen Jahren doppelt so viel wert ist wie zuvor, einfach aufgrund der kontinuierlichen Wertentwicklung. Oder aber es wird nach 15 Jahren zu Bauland und sein Wert steigt mit einem Schlag ins Unermessliche. Es wäre verlockend, das Grundstück nach der ersten Preissteigerung zu verkaufen. Dann aber wird die Chance des tatsächlich möglichen Gewinns verpasst.

Mit der notwendigen Flexibilität und einer langfristigen Denkweise kannst du viele verschiedene Touchpoints mit minimaler Downside in deinem Portfolio vereinen und deine übergreifende Upside steigern. Hast du ausreichend viele Deals gesammelt, die dich nicht viel gekostet haben und kaum Downside aufweisen, brauchst du nur noch Geduld und Vertrauen. Dann hast du den Fuß in der Tür und kannst loslegen, sobald sich ein Markt oder eine Branche zu deinen Gunsten entwickelt. Auf diese Weise stehen die Chancen gut, dass einer deiner Deals extrem erfolgreich wird – du weißt nur nicht, wie und wann.

»Our favorite holding period is forever. We are just the opposite of those who hurry to sell and book profits when companies perform well but who tenaciously hang on to businesses that disappoint. Peter Lynch aptly likens such behavior to cutting the flowers and watering the weeds.«

(Warren Buffett)[55]

Der Trick an der Sache ist, ständig zu lernen, dein Wissen und deine Fähigkeiten zu erweitern und somit deine Möglichkeiten, verschiedenste Startpositionen einnehmen zu können, zu erhöhen. Je mehr Wissen du dir aneignest, desto eher erkennst du, wo sich die besten Chancen auf gute Deals eröffnen und wie du diese verwerten kannst. Hast du dann einmal eine Reihe guter Deals erkannt und genutzt, suche nach weiteren Deals dieser Art.

Maximiere deine Upside, indem du wie folgt vorgehst:

1. **Eigne dir Wissen in vielen verschiedenen Bereichen an.**

2. **Nimm viele verschiedene Startpositionen ein, die sich als lukrativ erweisen könnten.**

3. **Übe dich in Geduld und vertrau in dein Wissen und deine Fähigkeiten.**

4. **Identifiziere die Deals, die sich überraschend gut entwickelt haben.**

5. **Mach mehr Deals dieser Art.**

Indem du dich auf vielen verschiedenen Positionen verteilst, erlaubst du dir maximale Flexibilität und dadurch maximale Upside. Ich hatte mir für den erwähnten Apartmentkomplex Ferienwohnungen ausgemalt und mich auf diese Umsetzung vorbereitet, war aber bereit, auf einen anderen Zug aufzuspringen, als dieser deutlich schneller fuhr und der Ferienwohnungszug gegen die Coronaschranke rollte. Als sich die Vermietung an Flüchtlinge als erfolgreicher Deal entpuppte, machte ich folglich mehr Deals dieser Art auch in anderen Städten.

Bring dich in so viele aussichtsreiche Positionen wie möglich und baue konstant dein Wissen und deine Fähigkeiten aus. Minimiere deine Downside und folge deiner Intuition, um deine Upside zu maximieren, wenn sich die Gelegenheit bietet.

Die beste Upside-Maximierung ist, möglichst viele Deals mit minimaler Downside umzusetzen.

63. NEVER TAKE NO FOR AN ANSWER

Viele verschiedene Deals umzusetzen, bedeutet auch, immer wieder Ablehnung zu begegnen. Hast du aber Deals gefunden, die deine Intuition in Freudentänze versetzt, dann lass dich nicht von einem »Nein« entmutigen. Was, wenn ich dir sage, dass ein »Nein« nur eine temporäre Antwort ist? Der Ausdruck eines noch nicht fertig ausgesprochenen Einwands, der Raum für Möglichkeiten und Verhandlungen lässt? Ich sage es sogar noch drastischer:

Solange deine Intuition »Ja« sagt, gibt es kein »Nein«.

Wo andere ein »Nein« als eine Mauer sehen, als ein unüberwindbares Hindernis, sehe ich es eher als eine Mauer, um die ich herumlaufen kann. Und wenn sie dann immer noch steht, laufe ich eben weiter, bis ich einen Weg hindurch gefunden habe. Ein »Nein« direkt als endgültige Antwort zu akzeptieren, ließe die Möglichkeit unbeachtet, dass ein »Nein« auch eine momentane Reaktion sein kann, die darauf wartet, mit den richtigen Argumenten in ein »Ja« verwandelt zu werden.

Wenn du dich in einer Verhandlung zu einem Deal befindest und deine Intuition dir sagt, dass es der richtige Weg ist, dann darfst du dich von einem »Nein« nicht abhalten lassen. Ein »Nein« ist schnell gesagt. Es ist eine einfache, wenn auch harte Reaktion, die Menschen oft ohne tieferes Nachdenken geben. Es basiert dabei oft eher auf Unsicherheit, Angst oder mangelnder Information als auf fundiertem Wissen oder Intuition.

Ein »Nein« ist deshalb lediglich der Beginn eines Prozesses, bei dem du verschiedene Wege und Strategien erforschen kannst, um doch noch zu einem »Ja« zu gelangen. Du kannst nach einer Finanzierungsabsage zur nächsten Bank gehen, du kannst einem Verkäufer alternative Garantien oder Vorschläge anbieten. Du kannst deine Herangehensweise ändern, deine Sprache anpassen und immer wieder nachfragen. Es geht darum, das »Nein« infrage zu stellen, zu verstehen, was hinter diesem »Nein« steht, und Lösungen anzubieten, die zu einem »Ja« führen können.

Da ein guter Deal für beide Seiten gut sein soll, bedeutet ein »Nein« zu einem guten Deal Verlust für beide Seiten. Bist du dir also sicher, dass dein Gegenüber ebenfalls von einem Deal profitieren würde, dann forsche nach und lass dich nicht direkt von seinem »Nein« aus der Bahn werfen.

Manchmal bedeutet das, Zeit und Energie zu investieren und dich in Geduld zu üben. Erlaube dem Prozess, sich zu entfalten. Es gibt Momente, in denen sich das »Nein« nur mit der Zeit in ein »Ja« verwandelt. In solchen Fällen heißt es abwarten.

Natürlich gibt es auch Situationen, in denen ein »Nein« nicht so bedeutungsvoll ist. Im Kapitel »Pick your Battle« gehe ich näher darauf ein, wann ein »Nein« nicht von wesentlicher Bedeutung für den Deal oder die Verhandlung ist und du es schlichtweg ignorieren kannst. Außerdem bedeutet all das nicht, dass du jeden Deal auf Gedeih und Verderb abschließen musst. Wie oben festgestellt: Wenn sich ein Deal für dich nicht gut anfühlt, ist es auch kein guter Deal. Ein »Nein« von deinem Gegenüber verfestigt gegebenenfalls lediglich deine Intuition, die dir von einem Deal abrät.

Zusammengefasst sehe ich in Deals, die ich tatsächlich durchführen will, demnach drei Arten von »Nein«:

- Ein »Nein«, das sich durch Zeit und Erfahrung früher oder später von selbst in ein »Ja« verwandelt.
- Ein »Nein«, das ich ignorieren kann.
- Ein »Nein«, das ich nicht nachvollziehen kann und das einer Win-win-Situation im Weg steht.

Die letzte Kategorie ist die, der ich meine Aufmerksamkeit schenke und bei der ich versuche, nachzuforschen und das »Nein« in ein »Ja« zu verwandeln. Sieh über solch ein »Nein« hinaus und finde die wahren Gründe für die Ablehnung heraus. Mit ein wenig Flexibilität, Kreativität und gekonnter Sprachwahl überwindest du auch diese Mauer und gelangst zu alternativen Lösungen.

64. CHIPLEADER

Beherzigst du bereits die Eigenschaften eines Mindsets für gute Deals? Bewirken deine Deals Win-win-Situationen, die einen Kampf unnötig machen? Bist du authentisch? Schätzt du deine Risiken realistisch ein, sortierst Deals radikal aus und folgst nicht nur dem schnellen Geld? Dann bist du auf dem besten Weg, Chipleader zu werden.

Der Chipleader beim Pokern ist schlichtweg der Spieler mit den meisten Chips in einem Turnier. Was simpel klingt, birgt eine gewisse Faszination und diverse Vorteile: Der Chipleader kann andere Spieler aus dem Spiel werfen, was ihm erlaubt, mehr Hände aggressiver zu spielen. Gleichzeitig trauen sich andere Spieler seltener, gegen den Chipleader zu bluffen, aus genau diesem Grund.

Das bedeutet allerdings nicht, dass sich der Chipleader nun zurücklehnen kann – er hat das Turnier noch nicht gewonnen. Der Ausgang ist noch immer offen. Selbst als Chipleader ist daher umsichtiges Handeln gefragt.

In genau dieser Position steckst auch du: Du hast dir bis hierhin Wissen und Verständnis angeeignet, das dich in eine potenzielle Gewinnerposition am Pokertisch des Lebens bringt. Du hast gelernt, Veränderungen und Bewegungen eines Deals zu verstehen und strategisch auf sie zu reagieren. Du wirst besser darin, deiner Intuition zu folgen, und weißt, wie wirklich gute Deals aussehen müssen. Nun geht es darum, eine langfristige Strategie zu entwickeln, um deine Position zu halten und sogar auszubauen.

 »The smarter you play, the luckier you'll be.«

(Mark Pilarski, Experte in der Casinoindustrie)[56]

In eine Gewinnerposition zu kommen, ist keine Frage des Glücks, sondern vielmehr das Ergebnis eines tiefen Verständnisses guter Deals und strategischer Planung auf verschiedenen Ebenen. Je weiter du in andere Sphären aufsteigst, desto härter erscheint die Konkurrenz, desto mehr scheint auf dem Spiel zu stehen. Deals werden komplexer, Visionen intensiver. Um dich herum scheiden Spieler aus und es stellt sich die Frage: Wer bleibt? Kannst du dich langfristig bewähren? Ja, aber nur mit der richtigen Strategie.

TEIL 6

DIE STRATEGIE DES GUTEN DEALS

65. PICK YOUR BATTLE

Im Mindset des guten Deals hast du gelernt, dass die besten Kämpfer den Kampf vermeiden und gar nicht erst kämpfen müssen. Auch für deine langfristige Strategie ist dieser Punkt enorm wichtig. Allerdings wirst du in der Gesamtheit deiner Deals um manche Kämpfe kaum herumkommen. Dann ist es wichtig, dass du weißt, wann es sich zu kämpfen lohnt und wann nicht – pick your battle. Das bedeutet, Selektivität ist nicht nur von Bedeutung, wenn du Deals an sich aussortierst (siehe Kapitel »Deals radikal aussortieren«), sondern sollte ein elementarer Bestandteil deiner übergeordneten Strategie sein.

Eine Strategie beruht grundsätzlich auf der Frage: **Wenn, was dann?** Wenn ein Geschehen eintritt, was passiert dann? Wenn ich etwas Bestimmtes erreichen will, was muss ich dann dafür tun? In meinem Kopf spiele ich konstant diese »Wenn-dann-Formel« ab und zeichne mir somit mögliche Wege durch jegliche Eventualitäten auf.

Der Fokus liegt dabei auf dem Erkennen unterschiedlicher Möglichkeiten. Nehmen wir an, du stehst hungrig unter einem Baum voller Früchte. Wenn das der Fall ist, was würdest du dann tun? Vielleicht kommt dir als Erstes in den Sinn, auf den Baum zu klettern, um Früchte zu pflücken. Aber ist das wirklich die beste oder einzige Strategie? Klettern ist anstrengend, gefährlich und kostet dich Zeit. Wie wäre es, zuerst am Baum zu rütteln und zu sehen, ob eine Frucht herabfällt? Oder vielleicht findest du einen Ast, mit dem du eine Frucht herunterschlagen kannst. Oder was, wenn 200 Meter weiter ein Kiosk geöffnet hat und du dir einfach Essen kaufen kannst?

Derlei Gedankenspiele mögen dir lächerlich erscheinen, aber sie trainieren nicht nur dein kreatives Mindset, sie sensibilisieren dich auch dafür, andere Möglichkeiten als die erstbeste zu durchdenken. Wenn dir keine anderen Möglichkeiten mehr bleiben, kannst du immer noch auf den Baum klettern, das funktioniert immer. Die Kunst liegt darin, weniger offensichtliche Wege zu ergründen. Nur so findest du den effizientesten Weg zur Erreichung deiner Ziele – deine persönliche Strategie.

Der erste Schritt zum Umdenken ist, dich von althergebrachten Glaubenssätzen zu befreien.

Verabschiede dich von dem, was du glaubst zu wissen, und sei bereit, neue Denkweisen zu erforschen. Ein Eckpfeiler deiner persönlichen Strategie sollte sein, nicht immer das zu tun, was alle anderen tun. Denn würde eine solche allgemeingültige Strategie aufgehen, wäre der Großteil der Bevölkerung Millionär. Stattdessen aber stecken die meisten Menschen in einem unerfüllten Angestelltendasein fest. Warum solltest du genauso handeln?

Sobald du lernst, verschiedene **Wege und Möglichkeiten abseits des Mainstreams zu ergründen**, erlaubt dir das auch eine klarere Sicht auf deine notwendigen Kämpfe. Welche Battles musst du ausfechten und welche nicht? Wo kannst du einen Kampf umgehen?

Der Begriff »Pick your Battle« unterstreicht die Wichtigkeit, die eigene Energie und deine Ressourcen weise zu nutzen. Jeder Kampf und jede Auseinandersetzung verbraucht Energie, Zeit und Ressourcen. Wenn du dich für den falschen Kampf entscheidest, führt das zu unnötigen Verlusten, die in keinem Verhältnis zum möglichen Gewinn stehen. Das betrifft nicht nur Kämpfe im Geschäftsleben, sondern in jedem Aspekt deines Lebens. Es geht darum, dich auf das zu konzentrieren, was wirklich wichtig ist, und unnötige Ablenkungen und Konflikte zu vermeiden.

»Pick your Battle« bedeutet deshalb nicht, dass du niemals kämpfen solltest, sondern dich auf die Dinge zu konzentrieren, die den größten Einfluss auf deinen Erfolg haben. Optimiere deine Aktionen und Entscheidungen auf eine Weise, die dir den größtmöglichen Wert schafft. Manchmal bedeutet das auch, bestimmte Kämpfe aufzugeben, um dich auf das Wesentliche konzentrieren zu können.

Zu oft verfangen wir uns im Ego und bestehen einfach nur aus Prinzip auf kleinen Details, die für uns keinen signifikanten Unterschied machen. So werden Deals lediglich hinausgezögert und verkompliziert. Kämpfe nicht um Dinge, die im Vergleich zum Gesamtwert des Deals trivial sind. Leg dein Ego beiseite und konzentriere dich auf das große Ganze, statt dich in unnötigen Scharmützeln zu verlieren.

 »You will never reach your destination if you stop and throw stones at every dog that barks.«

(Winston Churchill, ehemaliger britischer Premierminister, 1874-1965)[57]

Schließt du einen Deal schneller ab, ohne dich in Kämpfe zu verheddern, bist du eher bereit für weitere Deals. Du musst dann nicht an mehreren Fronten gleichzeitig kämpfen. Das schont deine Ressourcen und lässt gegebenenfalls anderen Beteiligten mehr Freiraum, eigene Ideen umzusetzen.

66. PUNKTE ABGEBEN BEIM DEAL

Entgegenkommen ist eine Kunst. Kaum jemand macht gern Zugeständnisse, aber ich lade dich dazu ein, diese Zeichen der Wertschätzung zum Teil deiner langfristigen Strategie zu machen.

Du siehst Deals bereits als Win-win-Situationen, lässt die Energie fließen und bist bereit zu geben, bevor du nimmst. Du vermeidest Kämpfe so weit wie möglich und wählst die Kämpfe, um die du nicht herumkommst, weise aus. Du weißt, dass du eher gewinnst, wenn es dir um nichts geht und du bereit bist zu verlieren. All das spielt in die Hände desselben Konzepts:

Wo du deine Position scheinbar schwächst, stärkst du sie.

Dieses Konzept ist der Dreh- und Angelpunkt deiner Strategie. Stell dir das so vor:

Variante 1: Du trittst in Verhandlungen so machtvoll wie möglich auf, holst für dich persönlich das meiste aus einem Deal heraus und gehst als gefühlter Sieger aus der Schlacht hervor. Am Ende prahlst du vielleicht sogar noch vor anderen, welchen Profit du herausgeschlagen hast. Je öfter du so vorgehst, desto seltener wollen andere mit dir Deals eingehen oder Geschäfte machen. Du verschreckst die Menschen um dich herum und treibst dadurch auch deinen langfristigen Erfolg aus. Stattdessen könnte dein Vorgehen folgendermaßen aussehen:

Variante 2: Du nimmst deine Geschäftspartner und andere am Deal Beteiligte als Gleichgesinnte auf Augenhöhe wahr. Du bist bereit, Zugeständnisse zu machen, wenn es dem Voranbringen des Deals nützt. Am Ende gehen sowohl du als auch alle anderen mit dem guten Gefühl, sich gegenseitig geholfen zu haben, nach Hause. Deals wandeln sich von einer blutigen Seeschlacht, an deren Ende einer sinkt und einer übrig bleibt, zum Ruderwettbewerb, in dem alle im selben Boot sitzen.

Genau dieses letztere Vorgehen meine ich, wenn ich dich dazu einlade, Punkte beim Deal abzugeben. Verabschiede dich endgültig von der Idee, dass Verhandlungen und Deals ein Kampf zwischen Gegnern sind. Sie sind Trainingseinheiten zwischen Gleichgesinnten, die einander helfen, selbst wenn es von außen nicht immer so aussieht.

»Business is a cobweb of human relationships.«

(Ross Perot, US-amerikanischer Unternehmer und Politiker, 1930-2019)[58]

Mit Punkte abgeben meine ich dabei nicht zwingend materielle Zugeständnisse. Viel wichtiger sind Aspekte wie Aufmerksamkeit, Respekt, Freundlichkeit, Informationen und Offenheit. Als ich zum Beispiel eine Klinik kaufte, bot ich proaktiv an, später vollständige Transparenz darüber zu geben, wie der Deal aussehen wird. Dies war kein geforderter Punkt, aber ich fühlte, dass diese Offenheit meinem Gegenüber wichtig war, selbst wenn sich niemand traute, danach zu fragen. Und ich hatte recht: Meine Offenheit kam enorm gut an. Sie signalisierte Respekt auf Augenhöhe. Plötzlich öffneten sich Türen in der Verhandlung, die sonst verschlossen geblieben wären.

Indem ich Verständnis zeigte und bereit war, zuzuhören, zu erklären und mein Wissen zu teilen, schuf ich eine Atmosphäre, in der sich beide Seiten wertgeschätzt und verstanden fühlten. In Verhandlungen geht es zwar immer auch um wirtschaftliche Aspekte, aber menschliche Faktoren wie Respekt, Vertrauen und Verständnis wiegen meist schwerer als Geldsummen.

Allein der Fakt, dass du bereit bist zu geben, ohne direkt etwas zurückzuerwarten, zeigt, dass du an einer Win-win-Situation interessiert bist. Und das ist der Kernpunkt: das Streben nach dem Win-win. Geh in eine Verhandlung mit der Absicht, nicht nur deine eigenen, sondern auch die Bedürfnisse des anderen zu verstehen und zu erfüllen. Wo kannst du entgegenkommen, um dem anderen zu helfen, seine Ziele zu erreichen? Wo kannst du Punkte abgeben, die für dich nicht essenziell sind, dem anderen aber viel bedeuten?

Verteile selbst Punkte, ohne dass nach ihnen gefragt wurde. Das schafft eine Basis des Vertrauens und der Offenheit, die zu einem besseren Deal führt. Aus dieser Offenheit heraus ist es leichter zu erkennen, ob ein Deal wirklich für beide Seiten funktioniert. Und falls nicht, ist das auch in Ordnung. Dann hast du – anstatt Brücken abzureißen – dank deiner Offenheit das Fundament für eventuelle zukünftige lukrative Deals mit dieser Person gelegt.

67. 80 PROZENT SIND MANCHMAL 800 PROZENT

Indem du Punkte beim Deal abgibst und Zugeständnisse machst, mag ein Deal für dich auf den ersten Blick vielleicht nicht zu 100 Prozent zufriedenstellend aussehen. Mit der Zeit wirst du allerdings feststellen, dass viele imperfekte Deals deutlich mehr wiegen als ein perfekter. Anstatt einen Deal mit 100 Prozent Quote abzuschließen, machst du zehn Deals mit 80 Prozent – und landest im Gesamtwert bei 800 Prozent.

Im Rahmen deiner langfristigen Strategie rate ich dir genau das: Mach mehr gute Deals, statt auf den perfekten Deal zu spekulieren. Damit meine ich nicht die Akzeptanz von Mittelmäßigkeit, sondern das Erkennen und Nutzen von Gelegenheiten und Ressourcen auf optimale Art und Weise.

»(...) le mieux est l'ennemi du bien.«
((...) das Beste ist der Feind des Guten.)

(Voltaire, französischer Autor und Philosoph, 1694–1778)[59]

Du hast begrenzte Ressourcen und eine deiner wichtigsten Ressourcen ist deine Zeit. Je länger du brauchst, um einen Deal bis zur Perfektion zu optimieren, desto weniger lohnt es sich für dich. Die Opportunitätskosten sind hoch. Denn in derselben Zeit hättest du dich bereits auf weitere lukrative Deals konzentrieren können.

Das Streben nach Perfektion kostet dich Zeit und Energie, die du anderswo hättest investieren können.

Es ist auch wichtig zu erkennen, dass bei dem Versuch, kleine Details eines Deals zu verbessern, das Risiko besteht, dass der Deal platzt. Plötzlich sind es nicht einmal mehr 80 Prozent, sondern 0 Prozent. Dieses Risiko musst du abwägen. Ist der Aufwand, der in die Verbesserung des Deals gesteckt werden muss, die möglichen zusätzlichen Vorteile überhaupt wert? Überwiegt der Nutzen das Risiko?

Ich erlebe es immer wieder, dass Geschäftsleute noch die letzte Kleinigkeit mehr für sich aus einem Deal herausholen wollen. Dann diskutieren sie über Aspekte, mit denen nicht einmal ihre Mitarbeiter Zeit verschwenden sollten. Und am Ende kommt aufgrund dieser unnötigen Hartnäckigkeit kein Deal zustande. Sie waren bereits bei 86 Prozent, wollen aber 89 Prozent und enden bei Nichts.

Mir wurde einst ein großer Deal zugetragen, dessen Konditionen nicht überragend gut aussahen, aber auch nicht über die Maßen schlecht. Meine Familie schlug vor, ich könne ja noch weiterverhandeln. Ich wusste aber, dass ich höchstens ein paar wenige Nachkommastellen an Prozenten heraushandeln könnte. Auf die Gesamtsumme hätte das einen Unterschied von vielleicht 17.500 Euro pro Jahr gemacht. Das mag nach viel klingen, aber der Deal war sieben Millionen wert. Anstatt den Abschluss unnötig hinauszuzögern oder komplett zu riskieren, schloss ich den Deal ab und war mit einem imperfekten, aber trotzdem lukrativen Deal zufrieden.

»Es ist besser, unvollkommene Entscheidungen durchzuführen, als beständig nach vollkommenen Entscheidungen zu suchen, die es niemals geben wird.«

(Charles de Gaulle, ehemaliger französischer Präsident, 1890–1970)[60]

Oft entsteht der Drang nach Perfektion daraus, sich am Ende als Gewinner fühlen zu wollen. Dabei gibt es nichts Schädlicheres für deinen langfristigen Erfolg, als Geschäftspartnern zu spüren zu geben, dass du gegen sie gewonnen hast und sie Verluste gemacht haben.

Im Rahmen deiner langfristigen Strategie für gute Deals musst du lernen, Abstriche zu machen, um am Ende mehr zu bekommen. Das ist auch eine Frage der Skalierbarkeit und des nachhaltigen Lebens. Lerne, Endpunkte zu setzen, selbst wenn etwas noch nicht zu 100 Prozent zufriedenstellend aussieht. Mit jedem abgeschlossenen Deal gewinnst du an Erfahrung und lernst, welche Kosten mit dem Deal verbunden waren – etwas, das du erst nach dem finalen Abschluss erkennst.

Wenn du mit einem Deal wirklich noch nicht zufrieden bist und dir deine Intuition ebenfalls dazu rät, mehr herauszuholen, dann sei auch hier kreativ. Vielleicht gibt es etwas Immaterielles, das dir dein Deal-Partner überlassen kann, das den Wert des Deals für dich hebt, für ihn aber keinen Verlust darstellt.

Die Wertigkeit eines Deals besteht aus deutlich mehr Faktoren als nur den finanziellen.

Diese Sichtweise bringt uns zurück zur Vielschichtigkeit guter Deals und den mit ihnen verbundenen Ressourcen. Schau dir genau an, was du einsetzt – Zeit, Energie, Gesundheit etc. – und was du dafür erhältst: Geld, Informationen, Beziehungen etc. Daran erkennst du, dass der perfekte Deal kaum existiert, denn er bezieht deutlich mehr ein als nur die finanzielle Seite.

Der perfekte Deal impliziert Value, Zeit und Opportunität.

Verabschiede dich vom allgegenwärtigen Fokus auf den reinen Value. Entwickle stattdessen ein Feingefühl dafür, wann es Zeit ist, einen imperfekten Deal abzuschließen, um deine anderen Ressourcen zu sparen. Erkenne, wann »gut« gut genug und wann es Zeit ist, weiterzuziehen und sich auf die nächsten Möglichkeiten zu konzentrieren. Dieser Pragmatismus kann dir dabei helfen, erfolgreicher zu sein, deine Ressourcen effizienter zu nutzen und letztendlich mehr zu erreichen.

68. WAS IST DEM GEGENÜBER WICHTIG UND WARUM?

Zu Anfang dieses Buches habe ich dargelegt, wie du die Energie deines Gegenübers spüren musst, um den bestmöglichen Deal für alle zu finden. Das kann auch bedeuten, keinen Deal einzugehen, wenn die Energie nicht stimmt. Um die Energie rund um einen Deal und dein Gegenüber zu spüren, nutzt du vor allem deine intuitiven Fähigkeiten. Nun bauen wir diese Vorgehensweise in einen größeren Kontext ein und verbinden sie mit einer Strategie, die auch die Ebene der Ratio umfasst.

Deine Ratio hilft dir dabei, logisch herauszufinden, was in deinem Gegenüber vorgeht. Das Wissen um das, was du selbst erreichen möchtest, bildet die Basis jedes Deals. Du weißt, was du willst, und der andere weiß, was er will. Von hier aus sollte aber der nächste Schritt erfolgen: Finde heraus, was dein Gegenüber will.

Was will dein Gegenüber?

Dich nur auf deine eigenen Ziele zu konzentrieren, funktioniert bereits mathematisch gesehen nicht. Für einen Deal braucht es mehrere Beteiligte – sie nicht einzubeziehen ist eine Gleichung ohne Lösung, weil du nur eine Seite kennst.

Um die Bedürfnisse und Wünsche anderer Beteiligter herauszufinden, musst du lernen, Fragen zu stellen und zuzuhören.

Kennst du den Spruch, dass wir zwei Ohren und einen Mund haben, damit wir mehr zuhören als sprechen? So kindisch das klingt, so bedeutsam ist doch die Botschaft dahinter.

Der Schlüssel zu einem guten Deal liegt nicht in der Beharrlichkeit unserer Argumente, sondern in der Kunst des Zuhörens und Verstehens.

Stell Fragen. Sei neugierig. Versuch, so viel wie möglich über die Person herauszufinden, mit der du verhandelst. Nicht nur geschäftliche Aspekte sollten dich interessieren, sondern auch persönliche. Was ist ihm im Leben wichtig? Was ist seine Motivation? Je besser du dein Gegenüber und seine Handlungsgrundlagen verstehst, desto besser kannst du deine Strategie nach ihm ausrichten und einen Deal aushandeln, der für beide Seiten funktioniert.

Eigne dir einen Blick für Details an. Jemand, der dich an einem Mittwoch um 11 Uhr morgens trifft, hat wahrscheinlich kein Problem damit, sich überlegen zu müssen, was er seinem Chef erzählt. Jemand, der auf bestimmte Aspekte Wert legt, hat vielleicht schlechte Erfahrungen mit Ähnlichem in der Vergangenheit gemacht. Erfasse alle Seiten eines Deals, nicht nur die finanzielle. Auf was legt der andere Wert? Schnelligkeit, Effizienz oder bestimmte Details? Nur durch Nachfragen findest du heraus, was deinem Gegenüber wichtig ist und auch, wie viel Schnittmenge bereits vorliegt. Vielleicht seid ihr euch bereits zu 93 Prozent einig, ihr wart euch dessen nur nicht bewusst.

»Wir wissen nicht, was andere denken oder fühlen, wir interpretieren ihr Verhalten und sind dann wegen unserer eigenen Gedanken beleidigt.«

(Michael Nast, deutscher Autor und Kolumnist)[61]

Jeder gute Verkäufer weiß, dass er einem Kunden nur dann zum perfekten Produkt verhelfen kann, wenn er die Bedürfnisse des Kunden kennt. Dafür muss er nachfragen oder eventuell auch anteasern und schauen, wie der andere reagiert. Durch ständiges Nachfragen, Anteasern und das Lesen zwischen den Zeilen findest du heraus, was deinem Gegenüber wichtig ist. Sobald dir dieses Wissen vorliegt, finde im nächsten Schritt heraus, warum dein Deal-Partner darauf Wert legt. Was ist die treibende Kraft hinter seinen Forderungen und Wünschen?

Warum will dein Gegenüber das?

Zum Beispiel stand ich einst in Verhandlungen mit einem Geschäftspartner, der auf einer schnellen Abwicklung und Zahlung bestand. Ihm war es wichtig, das Geld möglichst rasch auf seinem Konto zu haben. Durch geduldiges Nachforschen fand ich heraus, dass er seiner Frau ein Wohnmobil versprochen hatte. Hier hörte ich aber nicht auf zu fragen. So erfuhr ich weiterhin, dass er nicht den gesamten Kaufpreis für das Wohnmobil benötigte, sondern nur einen Bruchteil, und dass die Lieferzeit des Wohnmobils bei etwa fünf Monaten lag. Mit derart klaren Bedürfnissen war es ein Leichtes, ihm seine Wünsche zu erfüllen und zu einem für alle zufriedenstellenden Ergebnis zu kommen. Ich stellte sicher, dass er in den folgenden fünf Monaten das Geld für sein Wohnmobil parat hatte, während es ihm auf der anderen Seite nichts ausmachte, auf den Rest des Geldes länger zu warten.

Jeder ausgesprochene Satz, jede geäußerte Forderung hat einen Sinn, eine tiefere Bedeutung. Wenn du diesen Sinn erkennst und verstehst, öffnen sich dir neue Wege, neue Möglichkeiten, um einen erfolgreichen Deal zu gestalten, der die Bedürfnisse aller Parteien bedient. Schaffe dafür eine Atmosphäre der Offenheit, in der sich deine Gesprächspartner trauen, sich zu äußern.

1. **Wisse, was du willst und warum.**
2. **Finde heraus, was der andere will.**
3. **Geh tiefer und finde heraus, warum er will, was er will.**
4. **Biete Lösungen an, die über das Offensichtliche hinausgehen und beide Seiten zufriedenstellen.**

Durch flexible, kreative Herangehensweisen wahrst du die Integrität und Machbarkeit eines Deals. Auf Basis dieser Harmonie und des Verständnisses findest du Lösungen, die für beide Seiten von Vorteil sind.

69. EINE GEMEINSAME LÖSUNG FINDEN

Selbst wenn du weißt, was du selbst willst und auch die Wünsche und Motivationen deines Gegenübers kennst, stehst du anschließend vor der Herausforderung, alle Bedürfnisse zusammenzubringen. Wie gibst du deinem Gegenüber, was es will, ohne dass deine eigene Position ins Wanken gerät? Wie findest du Lösungen, die den Deal zu einem echten Win-win machen?

Das Auffinden einer gemeinsamen Lösung ist das Herzstück eines jeden guten Deals. Es ist eine Kunst, die sich auf Verstehen, Intuition und Kreativität stützt, um den nötigen Mittelweg zu finden. Ich gehe hierbei gern wie folgt vor:

Visualisierung

Visualisiere in einer Tabelle die jeweiligen Äußerungen und Bedürfnisse. In einer Spalte stehen deine eigenen Ziele, gegenübergestellt in einer anderen die deines Deal-Partners. Anschließend gleichst du die Punkte gegeneinander ab und ziehst Verbindungen zwischen Bedürfnissen, die sich gegenseitig bedingen oder miteinander zu tun haben. So erkennst du leichter, ob sich Bedürfnisse widersprechen oder wo bereits Gemeinsamkeiten vorliegen.

Diese Darstellung dient als Grundlage, auf der du konkrete, praktische Lösungen entwickeln kannst, die zu einer erfolgreichen Übereinkunft führen. Du darfst dich dabei nicht von festgefahrenen Methoden oder traditionellen Konventionen einschränken lassen. Sei kreativ, proaktiv, offen und flexibel.

Bist du dir über die Wichtigkeit verschiedener Bedürfnisse noch nicht im Klaren, lohnt es sich, weiter nachzufragen. Trau dich. Mir passiert es immer wieder, dass sich andere darüber wundern, wie viele Fragen ich stelle. Sobald ich ihnen aber mein Vorgehen erkläre und darlege, dass ich einfach nur am besten Deal für alle interessiert bin, bekomme ich deutlich schneller und offener Antworten.

Hineinversetzen

Um dein volles Potenzial und deine Kreativität auszuschöpfen, kannst du außerdem versuchen, dich in die Lage des anderen hineinzuversetzen. Überlege, wie du agieren würdest, wenn du auf der anderen Seite des Tisches säßest und wenn die Rollen umgekehrt wären. Durch dieses empathische Eintauchen in die Perspektive des anderen kannst du zu einem tieferen Verständnis der Situation gelangen. Du nimmst dir außerdem mentale Hürden: Vielleicht würdest du dem anderen einen Vorschlag nicht unterbreiten, weil das gegen Konventionen verstößt. Dir selbst aber kannst du derartige Vorschläge machen. Mit diesem Trick setzt du deine eigene Intuition für dein Gegenüber und den gemeinsamen erfolgreichen Abschluss eines Deals ein.

Teilweise äußere ich dieses Vorgehen auch in Meetings mit Geschäftspartnern und spreche offen an, wie ich an ihrer Stelle vorgehen würde. Dafür braucht es einen gewissen Mut, aber wenn du meine bisherigen Ratschläge berücksichtigst, weißt du bereits, wie wichtig freies Reden für die besten Deals ist.

Bedenke, dass Sprache sowohl eine Brücke als auch eine Barriere bilden kann. Sprich deutlich und direkt, um Missverständnisse und Distanz zu vermeiden. Die Kunst liegt darin, durch die Sprachbarrieren hindurchzusehen und sowohl die wahre Essenz der Aussagen des anderen zu erfassen als auch deine eigenen Standpunkte möglichst klarzumachen. Mit Geduld, Offenheit und einer intuitiven Herangehensweise kannst du so einen Raum schaffen, in dem gemeinsame Lösungen organisch entstehen.

70. BANKROLL MANAGEMENT

Es ist deine langfristige Strategie, die dafür sorgt, dass deine Bankroll stetig wächst. Im Pokern ist die Bankroll das Geld, das dir fürs Spielen zur Verfügung steht. Es ist unabhängig von deinem Ersparten und dem Geld, das du für deinen täglichen Bedarf benötigst. Sorgfältiges Bankroll Management, also die Einteilung und Verwaltung dieses Geldes, sorgt dafür, dass du auch in Zukunft über genügend Geld für die richtigen Deals verfügst.

Wer seine Bankroll überstrapaziert, wirft sich selbst aus dem Spiel. Jeder erlebt mal Zeiten, in denen sich die Verluste häufen. Mit dem richtigen Bankroll Management bleiben aber auch danach ausreichend Ressourcen übrig, um weitermachen und wieder Gewinne einfahren zu können. Erinnere dich daran, dass es elementar ist, Deals radikal auszusortieren und deine Battles weise zu wählen. Riskiere nur so viel, wie du dir zu verlieren leisten kannst, und wache über deine Ressourcen.

»Nobody is always a winner, and anybody who says he is, is either a liar or doesn't play poker.«

(Amarillo Slim, professioneller Pokerspieler, 1928–2012)[62]

Dann kannst du dich auf das Wachsen deiner Bankroll konzentrieren. Wende die Kenntnisse und Fähigkeiten an, die du bis jetzt erworben hast. Hör zu, verstehe, was der andere will, und finde entsprechende Lösungen. Dann aber stell sicher, einen

Deal zum Ende zu bringen. Das kann bedeuten, dem Gegenüber Punkte zu überlassen und dich mit einem imperfekten Deal zufriedenzugeben. Denn nur so wächst deine Bankroll: mit abgeschlossenen guten Deals. Du lässt dann eventuell etwas Geld auf dem Spieltisch liegen, bekommst aber die Möglichkeit, generell mehr Tische zu bespielen.

Mit mehr und mehr erfolgreich abgeschlossenen Deals wächst deine Bankroll stetig. Dann stehen dir mehr und mehr Ressourcen für weitere Deals zur Verfügung. Je mehr Deals du machst, desto attraktiver wirst du für zukünftige, größere Deals, so wie du mit jeder erfolgreichen Finanzierung mehr Finanzierungen erhältst. Dann eröffnest du dir neue Sphären, die dir dabei helfen, deine Bankroll weiter zu steigern, und je größer deine Bankroll ist, desto höher können deine Einsätze sein.

Ich rate dir zu diesem stetigen und konstanten Wachstum, anstatt auf riskante großvolumige Deals zu setzen. Andere mögen eine aggressivere Strategie verfolgen, bei der die Bankroll rasant ansteigt, aber das ist selten mein Ansatz. Warum? Weil es schwierig ist, derartiges Wachstum kontinuierlich zu reproduzieren und zu skalieren.

Lass dir Zeit, dich zu größeren Deals vorzuarbeiten. Mit der entsprechenden Erfahrung aus kleineren Deals als Grundlage wirst du dann feststellen, dass mit größeren Einsätzen das Spiel einfacher wird. Das liegt nicht nur daran, dass du selbst besser darin wirst, Deals abzuschließen, sondern auch daran, dass du mit Spielern zu tun hast, welche die Regeln guter Deals verstehen und selbst nicht an unnötigen Kämpfen interessiert sind. Ein guter Deal beginnt mit Vertrauen und Verständnis und endet mit einem positiven Ausgang für alle Beteiligten. Sobald eine einvernehmliche Lösung gefunden wurde, ist es Zeit, den Deal zuzumachen.

Ein Deal beginnt idealerweise mit dem Zuhören und endet mit dem Win-win.

Jeder Deal bedarf der sorgfältigen Überlegung und Analyse, um den besten Weg für das Wachstum deiner Bankroll zu bestimmen. Es geht nicht nur darum, das meiste aus einer einzelnen Hand herauszuholen, sondern darum, wie du insgesamt und langfristig deine Bankroll maximierst. Um auch in Zukunft flexibel agieren zu können, musst du vorausschauend und umsichtig mit deinen Ressourcen umgehen. Das Pokerspiel des Lebens ist mit natürlichen Schwankungen verbunden, die du nicht vorhersehen kannst. Die Hinweise, die ich dir in diesem Teil des Buches gegeben habe, veranschaulichen dir deshalb eine Strategie, die dich zu nachhaltigem Erfolg führt und mit der du selbst starken Schwankungen erfolgreich begegnen kannst. Eine solche Strategie bietet dir das nötige Fundament, um darauf eine Karriere der extrem guten Deals zu errichten.

 »Life is like a poker game. It's not about what you're given, it's about how you use it.«

(unbekannt)

TEIL 7

DAS EXTREM
DES GUTEN DEALS

71. DIE WELT ÄNDERT SICH STÄNDIG

Am Ende kristallisiert sich aus den verschiedenen Themen und Strategien, die wir bislang behandelt haben, ein übergeordnetes Ziel heraus: Du willst bessere Deals machen, als du es bislang getan hast. Du willst deine Limits durchbrechen, über den allgemeinen Durchschnitt aufsteigen und dein volles Potenzial ausleben. Das bedeutet: Du bist auf der Suche nach dem Extrem – dem extrem guten Deal und dem extrem erfolgreichen Leben.

In einer Welt, die sich in ständigem Wandel befindet, steht die Kunst des erfolgreichen Handelns im Zentrum unserer Entscheidungen. Wir erleben täglich, wie variabel und unvorhersehbar die Welt sein kann. Von schwankenden Leitzinsen bis hin zum Klimawandel. Jede Veränderung, groß oder klein, beeinflusst dabei unsere Entscheidungen und die Art und Weise, wie wir Deals angehen, denn Veränderungen verlangen nach einer Neuausrichtung von Strategien und Ansätzen.

»To improve is to change; to be perfect is to change often.«

(Winston Churchill)[63]

Alles befindet sich in stetigem Wandel, nichts steht jemals still und kaum etwas ist in Stein gemeißelt. Was früher noch wie eine ideale Investition aussah, kann heute schon Fragezeichen aufwerfen. Gleichzeitig stellen sich Investitionen, die früher haarsträubend erschienen, heute plötzlich als Goldgrube dar.

Treibende Kräfte des Wandels wie Digitalisierung, Individualismus und Globalisierung beeinflussen nicht nur Unternehmen und Geschäftsabläufe, sondern jeden Einzelnen von uns, egal, ob wir uns dessen bewusst sind oder nicht. Wie also umgehen mit dem Wandel der Welt? Und wie die besten Deals finden, die sich durch den dynamischen Wandel ergeben oder trotz ihm Bestand haben?

72. ALLES, WAS DU WEIßT, BASIERT AUF ERFAHRUNGEN AUS DER VERGANGENHEIT

Uns als Menschen stellt solch stetiger Wandel vor Herausforderungen. Wir tendieren dazu, in vorgefertigten Schemata zu denken, unsere Welt in Schubladen einzuordnen und an Althergebrachtem festzuhalten. Die Liste sogenannter kognitiver Verzerrungen, denen wir unterliegen, ist lang: Wir ankern unsere Entscheidungen an teils irrelevanten Außeneinflüssen. Wir machen feststehende Attribute für etwas verantwortlich, anstatt situationsbedingt zu urteilen. Wir beharren auf Überzeugungen, die wir zuerst getroffen haben, selbst wenn nachfolgende Informationen wertiger sind. Wir legen Informationen so aus, dass sie unsere Version der Geschichte bestätigen, während wir widersprüchliche Informationen ignorieren – um nur einige wenige Verzerrungen zu nennen.[64]

Um aus unseren vorgefertigten Denkweisen auszubrechen, musst du dir zuerst zwei Grundsätze bewusst machen:

1. **All dein Wissen basiert auf Erfahrungen – deinen eigenen oder fremden.**

2. **Alle diese Erfahrungen basieren auf der Vergangenheit.**

Alles, was du weißt und wie du die Welt interpretierst, basiert auf vergangenen Erfahrungen und dem, was du aus ihnen gelernt hast. Dies bedeutet, jede Erkenntnis daraus kann veraltet sein. Es ist essenziell, diese Ausrichtung zu verstehen und sich nicht von ihr in die Irre treiben zu lassen. Nur dann bist du in der Lage, bessere Entscheidungen, besonders in Bezug auf Geschäftsabschlüsse, zu treffen.

Auch meine Kollegen und ich tappen manchmal noch in die Falle, in der bisherige Erfahrungen den Blick für effizientere Lösungen verschleiern. Zum Beispiel kauften wir bislang für unsere Büros stets zwei Monitore für jeden Arbeitsplatz, weil die Erfahrung gezeigt hat, dass ein solches Set-up die Produktivität steigert. Allerdings gibt es mittlerweile sogenannte Curved Monitore, die genauso groß wie zwei Einzelmonitore sind, gleichzeitig aber die Augen schonen und günstiger in der Anschaffung sind. Frag mich nicht, warum wir nicht früher über diese alternative Lösung nachgedacht haben. Manchmal hält uns die Macht der Gewohnheit davon ab, aktuelle technologische Entwicklungen und Verbesserungen zu erkennen und zu nutzen.

Unsere Erfahrung, laut der zwei Monitore das beste Set-up sind, war veraltet. Alle Erfahrungen haben einen Zeitstempel. Sie sind in der Vergangenheit verankert und obwohl einige dieser Erfahrungen zeitlos erscheinen mögen, hat sich die Welt seit ihrem Entstehen zwangsweise weiterentwickelt.

Ein anderes Beispiel ist die massive Urbanisierung der letzten Jahrhunderte. Viele Menschen sind vom Land in die Stadt gezogen, ein Trend, der uns konstant erscheint, weil er schon so lange anhält. Wenn wir jedoch nur auf die historischen Daten und unsere eigenen Erfahrungen vertrauen, übersehen wir potenzielle zukünftige Veränderungen. Arbeitswelt und Wohnpräferenzen wandeln sich. Durch Mindestlohngesetze,

Inflation, Mobilität, gesundheitliche Bedenken und unterschiedliche Lebenshaltungskosten entstehen Disparitäten zwischen verschiedenen Regionen. Es beginnt eine Neubewertung dessen, wo Menschen leben und arbeiten möchten. Würden Menschen weiterhin in Stadtkernen leben wollen, wenn autonomes Fahren und Homeoffice es ermöglichen, von überall aus zu arbeiten? Eventuell erleben wir in den nächsten Dekaden eine Umkehrung des Urbanisierungstrends der letzten 200 Jahre, wobei Menschen es vorziehen, im ländlichen Raum zu leben, ohne auf berufliche Möglichkeiten verzichten zu müssen. Gleichzeitig werden aber auch Städte wohnlicher und Stadtverwaltungen legen mehr Wert auf weiche Standortfaktoren wie die Qualität des Wohnumfeldes und der Infrastruktur und den Freizeitwert.

Am Ende ist eine sichere Prognose der Zukunft rational nicht möglich. Du kannst nicht in die Zukunft blicken und gleichermaßen verlässliche Fakten erhalten, wie sie dir die Vergangenheit bietet. Kein Wunder also, dass wir die Zukunft oft als unzuverlässig und unvorhersehbar erachten. Das bedeutet aber nicht, dass du dich ausschließlich an der Vergangenheit ausrichten solltest.

 »Don't look back. You're not going that way.«

(Mary Engelbreit, Künstlerin und Illustratorin)[65]

Wie zu Anfang dieses Buches zitiert, sagte Henry Ford einst, wenn er die Menschen gefragt hätte, was sie wollen, hätten sie geantwortet: »Ein schnelleres Pferd.« Auf die Idee, ein Automobil zu erdenken, kamen sie nicht. Das unterstreicht, dass uns unsere Erfahrungen und unser bisheriges Wissen in unserer Kreativität einschränken. Wie aber kannst du diese Begrenzungen durch deine Erfahrungen überwinden? Es geht nicht darum, deine Erfahrungen zu ignorieren oder zu vergessen. Sie bieten dir eine Grundlage, die dich bis hierhergebracht hat. Verwende sie vielmehr als Ausgangspunkt für neue Wege und neue Betrachtungsweisen.

73. ALLES HINTERFRAGEN

Unsere Meinungen und Erfahrungen, so wertvoll sie auch sein mögen, basieren auf der Vergangenheit. Aber die Welt bewegt sich weiter und unser Wissen muss sich ebenfalls weiterentwickeln, um relevant zu bleiben.

Der natürliche Fokus auf die Vergangenheit ist einer der Gründe, warum deine Intuition für das Finden der besten Deals so elementar ist: Sie übersteigt deine rationalen Erfahrungen und erhascht Eindrücke aus der Zukunft. Rationalität und Erfahrung sind wichtig, aber es ist die Intuition, die dir ermöglicht, die subtilen Veränderungen in der Welt wahrzunehmen und angemessen auf sie reagieren zu können. Dank deiner Intuition erkennst du echte, wertvolle Veränderungen, die sich in großartige Gelegenheiten verwandeln lassen.

»Intuition becomes increasingly valuable in the new information society precisely because there is so much data.«

(John Naisbitt, Autor rund um Themen zu Trend- und Zukunftsforschung, 1929–2021)[66]

Um deiner Intuition Tür und Tor zu öffnen und dich für ihre Unterstützung empfänglich zu machen, musst du deine festgefahrenen Einstellungen überwinden. Das tust du am besten, indem du alles hinterfragst.

Frag dich: Sind Erfahrungen und Wissen noch immer relevant? Gibt es neue Informationen oder Perspektiven, die du in Betracht ziehen solltest?

Sieh dir an, was du zu wissen glaubst – dann frag dich, ob du mittlerweile neueres Wissen gewonnen hast.

Stell deine bisherigen Annahmen und Erfahrungen infrage und sei dir bewusst, dass der Wandel die Spielregeln deines Lebens verändert. Triff Entscheidungen basierend auf der aktuellen Realität und nicht nur auf dem, was du zu wissen glaubst. Es ist wichtig, Veränderungen frühzeitig zu erkennen, sich anzupassen und entsprechend zu handeln, um nicht auf der Strecke zu bleiben.

Die Intuition eines extrem guten Deals beruht auf der Kunst des Hinterfragens. Wir alle befinden uns oft in Situationen, die uns vor Rätsel stellen, uns zwingen, unsere Entscheidungen, unsere Umgebung und die vor uns liegenden Möglichkeiten zu hinterfragen. Wenn ich von Hinterfragen spreche, meine ich, dass du dich nie mit dem Offensichtlichen oder dem Erstbesten, das dir präsentiert wird, zufriedengeben solltest. Erinnere dich daran, dass du zum wirklichen Verstehen deines Gegenübers Fragen stellen musst. Das gilt auch für Deals und das Leben schlechthin.

Erlaube dir, Fragen zu stellen, die niemand zu stellen wagt. Sei es in Bezug auf Geschäftsstrategien, Verhandlungspunkte oder allgemeine Glaubenssätze in der Gesellschaft. Nimm nichts als gegeben hin.

Bewahre dir das kindliche »Warum?«, durch das du Deals aus neuen Perspektiven betrachten kannst. Ich treibe das sogar auf die Spitze: Selbst wenn ich Eisverkäufer wäre und mir jemand eine Kugel Zitroneneis abkaufen möchte, würde ich fragen, warum er sich für diese Sorte entschieden hat. Das klingt vielleicht verblüffend, aber eventuell gewinne ich daraus die Information, dass mein Kunde nicht gern Milcheis isst, sondern lieber Sorbet. Auf Grundlage dieses Wissens kann ich ihm weitere Eissorten vorschlagen und gegebenenfalls einen Upsale kreieren. Je öfter ich so vorgehe, desto mehr finde ich über meine Kunden heraus. Eventuell erkenne ich so einen Trend hin zu bestimmten Produkten, bevor andere auf ihn aufmerksam werden.

**Durch Hinterfragen nimmst
du Veränderungen schneller wahr.**

Außerdem fühlt sich mein Kunde in seiner Person und seinen Wünschen wahrgenommen. Beim Hinterfragen geht es nämlich nicht nur um den Informationsgewinn, sondern auch um das Zeigen von Wertschätzung. Stellst du Fragen, zeigst du, dass du interessiert und engagiert bist. Du machst deutlich, dass du dich bemühst, die Dinge um dich herum zu verstehen und dazuzulernen.

 »Wonder what your customer really wants? Ask. Don't tell.«

(Lisa Stone, Investorin und Unternehmerin)[67]

Gib dich nicht mit Plattitüden zufrieden und frage immer wieder nach dem Warum. Das mag außergewöhnlich erscheinen, aber unkonventionelles Handeln ist genau das, was dich von der Masse absetzt.

74. UNKONVENTIO-NELL HANDELN

Hinterfragen ist das Werkzeug, das uns erlaubt, über den Tellerrand und den Common Sense, der in der Gesellschaft vorherrscht, hinauszusehen. Hätte niemand hinterfragt, warum Elektroautos nicht massentauglich sind, würden wir nun nicht die aktuelle Entwicklung in der Automobilindustrie sehen. Elon Musk erkannte, dass fossile Brennstoffe ineffizient und nicht nachhaltig sind, schon allein, weil bei ihrer Förderung enorm viel Energie verbraucht wird. Daher entschied er, elektrische Autos mit Batterietechnologie zu entwickeln. Die Technologie und die Gesellschaft waren bereit für diese Veränderung, aber es brauchte sein unkonventionelles Handeln, um den Markt umzukrempeln.

»Man kann wetten, dass jede öffentliche Meinung, jede allgemeine Konvention eine Dummheit ist, denn sie hat der großen Menge gefallen.«

(Nicolas Chamfort)[68]

Dazu lade ich auch dich ein: Begnüge dich nicht mit dem, was allgemein akzeptiert ist, sondern brich aus festgefahrenen Schemata aus.

Wenn alle immer in die gleiche Richtung schauen, blicke in die entgegengesetzte.

Besonders in den Bereichen, in denen der hartnäckigste Common Sense herrscht, lohnt sich eine neue Perspektive. Die

Immobilienbranche stellt hierbei keine Ausnahme dar. Früher lautete zum Beispiel ein Grundsatz, dass du zuerst Objekte gekauft haben musst, wenn du Ferienwohnungen vermieten willst. Das gilt in der heutigen Marktlage nicht mehr. Du kannst auch mieten und weitervermieten. Zinsen zu zahlen ist nichts anderes, als Miete zu zahlen: Du zahlst ein Objekt nicht ab, sondern es ist eine Art Nutzungsentgeld in anderer Form. Der Profit aus der Weitervermietung aber bleibt derselbe.

Märkte verändern sich und auch Trends zeigen natürliche Schwankungen. Bei ungünstigen Konditionen steigen mehr und mehr Menschen aus, was die Konditionen weiter verschlechtert. Die schlechten Konditionen werden zum Common Sense: Menschen glauben zu wissen, dass sich in einem Bereich keine Investitionen lohnen. Dann aber folgt der Trendumbruch – diesen zu erkennen, ist die wahre Kunst. Sobald sich der Trend wandelt und du dafür eine Bestätigung bekommst, steigst du ein. Du handelst entgegen der bestehenden Konvention. Du streichst die Gewinne aus dem nun steigenden Trend ein, bis auch die Allgemeinheit erkannt hat, dass sich Investitionen dort wieder lohnen. An dem Punkt verlangsamst du deine Aktivitäten. Dann behältst du deine Position und steigst aus, sobald die Masse darüber redet. Denn du weißt nun: Was die Allgemeinheit tut, ist nicht zielführend.

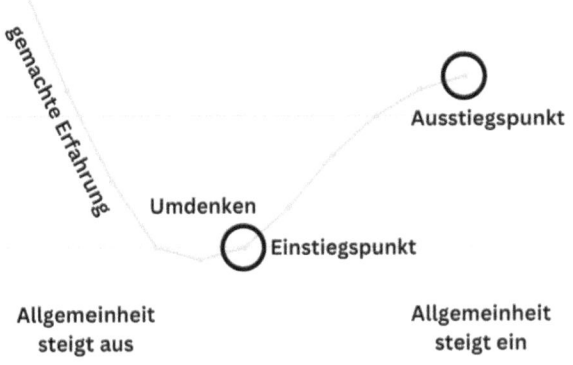

Je eher du die Trendwende erkennst, desto mehr Profit machst du, bevor die Allgemeinheit ebenfalls den Braten gerochen hat. Ein solcher Bruch mit den bisherigen Erfahrungen führt dich zu innovativen Lösungen und überraschenden Gelegenheiten. Unkonventionell zu handeln, bedeutet dabei auch, über die Kosten und den Wert nachzudenken, den wir unseren Ausgaben beimessen. Zum Beispiel gebe ich viel Geld für Reisen und Essen aus. Warum? Weil es mir erlaubt, zu entspannen und mich zu regenerieren, was wiederum meine Produktivität und mein Gesamtwohlbefinden steigert. Ich sehe das wie die Funktionsweise eines Elektroautos: Energie wird beim Bremsen generiert. Auch ich bremse mich manchmal, um wieder neue Energie zu generieren. Andere würden sich für das gleiche Geld vielleicht einen Pool im Garten bauen, aber dort erreiche ich nicht dasselbe Level an Erholung. Reisen weitet nicht nur meine Energie, sondern auch meinen Horizont und erlaubt neue Schübe an Inspiration.

Die meisten Menschen übersehen Veränderungen nicht nur, sie stemmen sich sogar gegen das sich daraus ergebende Umdenken. Sie folgen dem Ablauf: **belächeln, verneinen, umdenken**. Zuerst belächeln sie nötige Neuerungen, dann wollen sie sich gegen sie wehren. Sind aber die Neuerungen erst einmal im Mainstream angekommen, wollen sie sie plötzlich haben.

Ich persönlich bin diesem Ablauf gern einen Sprung voraus. Unkonventionelles Handeln liegt mir im Blut und mittlerweile bin ich mir meistens gar nicht mehr darüber bewusst, dass mein Handeln unkonventionell ist, es sei denn, jemand macht mich darauf aufmerksam. Zum Beispiel erscheint es meinem Umfeld als abgehoben und beinahe irre, dass ich unbedingt fliegen lernen will. Für mich ist dieses Vorhaben aber völlig einleuchtend: Auch wenn jemand einen Chauffeur hat, besitzen sie noch immer einen eigenen Führerschein. Aber kaum jemand mit einem Piloten hat einen Pilotenschein. Dabei wäre das insbesondere in unserer globalisierten Welt naheliegend. Ich stelle mir vor, wie ich trotz Flugstreik mit einem Geschäftspartner eben mal zu einem Termin fliege, mir stundenlanges Autofahren spare, dem Partner etwas Spannendes liefere und spontan einen Deal abschließen kann, der ansonsten deutlich mehr Aufwand verursacht hätte.

Freiheit ist eine meiner obersten Prioritäten, daher ist Fliegenlernen für mich eine natürliche Folge davon. Kann ich fliegen, kann ich meine Entscheidungen und Pläne nach meinen Bedürfnissen und Wünschen gestalten. Dieser Wunsch, unabhängig und frei zu sein, geht gegen die Konvention, aber er ermöglicht mir ein Maß an Autonomie und Flexibilität, das in konventionellen Ansätzen fehlt.

Solch unkonventionelles Handeln erfordert, dass du über den Sinn hinter den Dingen nachdenkst. Erkenne den wirklichen Wert und Zweck deiner Handlungen und Entscheidungen, um zu verstehen, wo du noch in Konventionen gefangen bist, die dich von den besten Deals zurückhalten.

»School, politics, sports, and games train us to compete against others. True rewards – wealth, knowledge, love, fitness, and equanimity – come from ignoring others and improving ourselves.«

(Naval Ravikant) [69]

Bist du mutig, neugierig und erkennst den wahren Hintergrund von Handlungen und Meinungen, eröffnest du dir die Möglichkeit, Dinge neu zu denken.

75. KONTEXT SCHAFFEN UND DINGE NEU DENKEN

Nur wer sich an neue Realitäten anpasst, kann Möglichkeiten wahrnehmen, die anderen verborgen bleiben. Geh gedankliche Wege, die vor dir noch niemand gegangen ist. Sieh alltägliche Begegnungen und Gespräche als Schatztruhen voller Informationen, die du anschließend verwerten und sinnvoll einsetzen kannst, um Lösungen vorzuschlagen, die vielleicht zuvor noch niemand in Betracht gezogen hat.

Das bedeutet, dass du aus den vielen verschiedenen Informationen, die du durch Hinterfragen erhalten hast, ein Gesamtbild baust, das die aktuelle Realität besser widerspiegelt als die althergebrachten Meinungen.

**Hinterfrage alles
und setze es dann in einen Kontext.**

In einer Welt, die sich ständig wandelt, besteht die Kunst darin, die Stücke des Puzzles neu anzuordnen. Wenn Veränderungen auftreten, sei es durch technologische Fortschritte, gesellschaftliche Verschiebungen oder unvorhersehbare Ereignisse wie eine Pandemie, ist es an der Zeit, alles zu hinterfragen und unser Bild von der Welt und von konventionellen Weisheiten sowie unsere eigenen Annahmen neu auszurichten. Agiere dabei wie ein Schachspieler und denke immer ein paar Züge voraus – deine Intuition hilft dir dabei.

Ein praktisches Beispiel: Während der Coronapandemie gingen viele Hotels, insbesondere kleinere Familienbetriebe, bankrott und standen zum Verkauf. Die konventionelle Meinung besagte, dass du kein schlechteres Asset kaufen konntest als solche Hotels. Wer wollte zu jener Zeit schon Objekte in der Tourismusbranche besitzen? Eine Trendwende war noch nicht absehbar. Nun aber kommt der Kontext ins Spiel: Bereits seit einiger Zeit wird in Deutschland das Glasfasernetz für schnelles Internet enorm ausgebaut. Aus Mangel an hiesigen Arbeitskräften bedarf es der Arbeitskraft aus dem Ausland. Diese Gastarbeiter benötigen in der Folge in Deutschland für die Zeit ihrer Arbeit mehrere Monate lang eine möblierte Unterkunft. Das bedeutet, die Nachfrage nach Monteurwohnungen ist konstant hoch.

Wer die Teile des Puzzles richtig zusammengesetzt hat, kaufte kleinere Hotels, baute sie in Monteurwohnungen um und nutzte eine Chance, die sich ergab, während die Allgemeinheit abgelenkt in die andere Richtung blickte.

»Without context, a piece of information is just a dot. It floats in your brain with a lot of other dots and doesn't mean a damn thing. Knowledge is information-in-context ... connecting the dots.«

(Michael Ventura, Schriftsteller, Drehbuchautor und Filmregisseur)[70]

Vielleicht hast du schon einmal von der sogenannten **Truthahn-Illusion** gehört, so benannt nach dem englischen »inductivist turkey«.[71] Induktiv bedeutet, dass von Einzelfällen auf die Gesamtsituation geschlossen wird.

Ein Truthahn wird jeden Tag von seinem Besitzer gefüttert und umsorgt. Je länger er gefüttert und umsorgt wird, desto stärker ist des Truthahns induktive Annahme, auch am nächsten Tag gefüttert und umsorgt zu werden. Das führt paradoxerweise dazu, dass des Truthahns Annahme am Tag vor der Schlachtung am stärksten ist. Die Schlachtung erfolgt dann für das Tier völlig überraschend. Sie ist der unerwartete Trendbruch, den der Truthahn nicht vorhergesehen hat, weil er sich (aus anthropomorpher Sicht) darauf verlassen hat, jeden weiteren Tag ebenfalls gefüttert und umsorgt zu werden.

Hätte der Truthahn über seinen Futtertrogrand hinausgeblickt und Informationen in seine Bewertung der Lage einbezogen, die über Fütterung und Pflege hinausgehen, hätte er vielleicht erkannt, dass sich der Trend bald umkehren würde. Aber dem Truthahn fehlte dieser Kontext. Genauso ergeht es vielen Menschen, die in Kapitalanlagen investieren, weil sie auf einen Trend vertrauen, der sich bereits seit einiger Zeit fortsetzt. Holen sie sich keine zusätzlichen Informationen ein, werden sie vom Börsencrash überrascht und zur finanziellen Schlachtbank geführt. Genauso kann es Menschen ergehen, die blind auf einen Trend aufspringen, der schon lange läuft, aber keine Grundlage mehr hat.

Das Wissen um den Kontext ist nicht nur für dein Business, sondern für alle Lebenslagen von entscheidender Bedeutung. Nur durch Kontextwissen vermeidest du negative Ausgänge und nimmst Chancen wahr, die darauf warten, ergriffen zu werden. Deine Intuition macht dich dabei auf Trendumschwünge aufmerksam, die deine Ratio noch nicht erkennen kann. Folge der Vision deiner Intuition und beweise den Mut, unkonventionelle Wege zu gehen. Mit ausreichend Informationen über den Kontext schaffst du dir so ein Gesamtbild extrem profitabler Deals.

76. MEINUNGEN: DIE LÜCKE ZWISCHEN DEINEN ERFAHRUNGEN UND DER REALITÄT

Du bist dir des Verfallsdatums deiner Erfahrungen bewusst und hast dir durch ständiges Hinterfragen ein akkurateres Bild der Realität angeeignet. Das bedeutet, du bist dir beider Seiten der Gleichung bewusst: deiner Erfahrungen auf der einen Seite und der wahren Realität auf der anderen. Nun gilt es, die Lücke zwischen beiden zu schließen. Diese Lücke ist nichts anderes als eine Gelegenheit zur Verbesserung und eine Verbindung zwischen deinem bisherigen Wissen und neuen Möglichkeiten.

Zunächst einmal nimmst du Veränderungen wahr, indem du reflektierst: Auf welcher Basis handelte ich bislang? Habe ich in der Zwischenzeit etwas Neues gesehen oder erfahren? Du wirst dir der Veränderungen in der Welt bewusst und weißt, dass du im Alltagstrott gefangen bist.

Dieser Alltagstrott entsteht, da wir aus unseren Erfahrungen Meinungen ableiten – auf denen wir nur zu gern beharren. Menschen tendieren dazu, an Meinungen festzuhalten, selbst wenn sich die Umstände verändern. Sie identifizieren sich so stark mit ihren Meinungen, dass eine Änderung der Meinung wie ein Verlust der eigenen Identität erscheint.

 »Die größte Täuschung, die Menschen erleiden, ist ihre eigene Meinung.«

(Leonardo da Vinci, italienischer Universalgelehrter, 1452–1519)[72]

Um aber voranzukommen und die besten Deals zu finden, musst du bereit sein, deine Meinung zu überwinden und die Lücke zwischen deiner Gedankenwelt und der Realität kontinuierlich zu suchen und zu schließen. Das bedeutet nicht, dass du ständig deine Meinungen ändern musst, sondern dass du für neue Informationen offen sein und bereit sein solltest, deinen Standpunkt anzupassen, wenn es sinnvoll ist.

Meine Frau war zum Beispiel immer der Ansicht, unser Kind nicht in die Kita zu schicken, bevor es sprechen gelernt hat. Der Grund dafür war einleuchtend: Unser Kind sollte die Möglichkeit haben, uns Geschehnisse in der Kita, die mit zu vielen Kindern überlastet erschien, mitteilen zu können. Aus dieser Meinung ergab sich die Schlussfolgerung, dass unser Kind mit unter drei Jahren zu jung für die Kita war.

Nun entwickelte sich unser Kind aber derart rasch, fing bereits lange vor dem Alter von drei Jahren an, vollständige Sätze zu reden, und liebt es, mit anderen Kindern zu spielen. Hinzu kam eine Veränderung im Kontext: Eine neue private Kita war verfügbar, in der die Zahl an Erziehern deutlich besser war als in den Kitas, die wir bis dahin kannten. Die logische Schlussfolgerung war, dass meine Frau ihre Meinung änderte. Anstatt auf der arbiträren Zahl von drei Jahren zu beharren, sahen wir ein, dass ein Besuch dieser Kita die beste Entscheidung für unser Kind darstellte.

Wer seinen Standpunkt nicht ändert, kommt nicht voran.

Auch ich ändere meine Meinung ständig, um sie an aktuelle Gegebenheiten anzupassen. Das ist kein Zeichen von Schwäche, sondern von Flexibilität. Jemand, der A sagt, muss nicht auch B sagen – er kann auch erkennen, dass A falsch war.

Sei auch du bereit, dich weiterzuentwickeln, in Bewegung zu bleiben und mit der Welt Schritt zu halten. Dann hältst du die Karten in der Hand, die dich zu den besten Deals führen.

»The world is changed by your example, not by your opinion.«
(Die Welt verändert sich durch dein Vorbild, nicht durch deine Meinung.)

(Paulo Coelho)[73]

77. STRAIGHT FLUSH

Du bist nun an einem Punkt angelangt, an dem du bereits eine Bombenhand hast – das zweitbeste Blatt, den Straight Flush. Sie entspricht den zahlreichen Konzepten und Ansätzen, die ich dir in diesem Buch bis hierhin vorgestellt habe und die dich dazu herausfordern, alte Muster, Daten und Fakten loszulassen und den Mut zu haben, immer wieder auf die intuitive Ebene zurückzukehren. Deine Intuition und dieses Loslassen von allem, an dem du dich bisher festgehalten hast, sind der Schlüssel zu den extremsten Deals deines Lebens. Du hast die Informationen und das Wissen – den Straight Flush – und musst ihn nur noch spielen.

Reagiere auf den Wandel, sowohl bei dir selbst als auch bei anderen. Sei in der Lage, feine Veränderungen wahrzunehmen, die während des Spiels auftreten. Manchmal bewirkt eine kleine Veränderung große Auswirkungen und wenn du diese nicht bemerkst, könnten alle anderen Vorbereitungen und Strategien im Sand verlaufen. Folge dem Ablauf des extrem guten Deals:

1. **Verstehe, dass sich die Welt verändert, und mach dir bewusst, worauf deine bisherigen Meinungen und Erfahrungen fußen.**

2. **Gleiche deine Denkweisen mit der Realität ab. Hinterfrage deine Meinungen, um herauszufinden, ob sie veraltet sind.**

3. **Beachte den Kontext der aktuellen Situation.**

4. Finde neue, kreative Denkweisen, die dem Stand der Welt entsprechen und zukunftsfähig sind.

Du besitzt nicht nur eine Bankroll mit dem notwendigen Kapital (deine Strategie), du verfügst nun auch über die Methodik und die Techniken, um das Spiel erfolgreich zu bestreiten. Folgst du dem hier dargelegten Vorgehen, machst du die besten Deals, aber auf erfüllende Art und Weise. Du findest das, wonach andere ihr Leben lang vergeblich suchen: die extrem guten Deals.

Mit deinem Straight Flush in der Hand, dem Mut und der Bereitschaft, dich von Althergebrachtem loszusagen und stattdessen deiner Intuition zu folgen und auf Veränderungen passend zu reagieren, bist du bereit, die besten und erfüllendsten Deals deines Lebens zu machen.

»Do not try to fix whatever comes in your way. Fix yourself in such a way that whatever comes, you will be fine.«

(Sadhguru, indischer Guru, Mystiker und Autor)[74]

TEIL 8

DIE PHILOSOPHIE DES GUTEN DEALS

78. DER BALL MUSS INS ROLLEN KOMMEN

Du hast deine Deals zum Extrem geführt, nun sehen wir uns den Hintergrund dieser Deals von einer übergeordneten Perspektive aus an. In der Philosophie des guten Deals kommen die verschiedenen Aspekte, die ich bislang angesprochen habe, zusammen und werden zu einem Komplettpaket verbunden, einem Konzept, nach dem du nicht nur dein Business, sondern die Deals deines Lebens ausrichten kannst.

Am Anfang steht dabei ungebrochen deine Intuition. Sie führt dich zu den besten Deals und Chancen. Sie ist und bleibt der

Kompass, der dir die Richtung vorgibt. Dabei ist es eine Sache, die eigene Intuition zu spüren und eine andere, sie umzusetzen. Vielleicht bist du selbst jetzt noch unsicher und ängstlich und die Stimme deiner Ratio ist noch zu laut, um deine Intuition zu hören. Doch wie bei jedem Spiel und jedem Vorhaben gibt es einen ersten Schritt, der für den Neuanfang notwendig ist. Du musst deinen Ball ins Rollen bringen. Ohne Bewegung, ohne Aktion, bleibt alles beim Alten und deine Intuition verdorrt unerforscht und ungenutzt.

Wage es, auf deine Intuition zu hören, deinem Bauchgefühl zu folgen, egal wie leise und subtil es sich bislang noch bemerkbar macht. Sieh dieses Kapitel als den Anstoß, um deinen persönlichen Ball ins Rollen zu bringen. Manchmal braucht es diesen Schubs von außen, um neuen Wegen zu folgen. Ich kenne zum Beispiel einen Arzt, der in Immobilien investieren wollte, sich aber aufgrund theoretischer Ratschläge aus dem Internet für Objekte in einer entfernten Stadt entschied, anstatt in seiner unmittelbaren Umgebung zu investieren. Dadurch fand er zu wenig Zeit, um Recherchen vor Ort anzustellen und überhaupt seine ersten Deals umzusetzen. Ich riet ihm, sich auf seinen Heimatort zu konzentrieren, auch wenn dieser auf dem Papier als weniger rentabel galt. Das brachte seinen Ball ins Rollen. Er konnte mehr und mehr Deals umsetzen und wurde so deutlich erfolgreicher, als wenn er nur einige wenige Deals in der entfernten Stadt zustande gebracht hätte.

Für mich war diese Vorgehensweise naheliegend, doch für ihn und sein rationales Denken glich mein Vorschlag einem Weckruf. Fakt ist: Du kannst noch so viele Bücher lesen, noch so viele Excel-Tabellen analysieren – wenn du nicht ins Handeln kommst, bleibt alles Theorie. Der Markt, das Verhandeln, das Eingehen von Deals sind dein Spielfeld und du musst spielen, um besser zu werden. Dabei verlierst du auch Runden, aber das ist, wie du weißt, gewonnene Erfahrung.

»Non quia difficilia sunt, non audemus, sed quia non audemus, difficilia sunt.«
(Nicht weil es schwer ist, wagen wir es nicht, sondern weil wir es nicht wagen, ist es schwer.)

(Lucius Annaeus Seneca, römischer Philosoph und Dramatiker, ca. 1–65 n. Chr.)[75]

Selbst wenn du eine Verluststrecke fährst, kannst du eventuell die Lehre daraus ziehen, dass du in der falschen Branche unterwegs bist. Vielleicht sind die Deals, auf die du dich konzentrierst, nicht für dich bestimmt. Dann hör ganz besonders auf deine Intuition und vertrau darauf, dass sie dir eine neue, erfolgreichere Richtung weist.

Ich erinnere mich zum Beispiel an einen bedeutenden Moment beim Pokern im Jahr 2009. Es stand viel auf dem Spiel und der Ausgang einer Partie hätte einen acht Millionen US-Dollar schweren Einfluss auf mein Leben nehmen können. Doch ich verlor. Damals dachte ich, es sei der schlimmste Verlust und der größte verpasste Deal meines Lebens. Solch eine Chance würde bestimmt niemals wiederauftauchen, so meine enttäuschte Schlussfolgerung.

Rückblickend aber weiß ich, dass mir dieser Verlust eine kostbare Lektion erteilt und mich in neue Bahnen gelenkt hat. Auf dem Höhenpunkt leitete er das Ende meiner Pokerkarriere ein. Heute bin ich in einer Position, in der ich standardmäßig Deals dieser Größenordnung durchführe, mit dem Unterschied, dass es jetzt nur noch Gewinner und keine Verlierer mehr gibt.

Der Verlust dieser Partie machte mich auf die Stimme meiner Intuition aufmerksam, die mir eine neue Branche vorschlug. Jedes verlorene Spiel schärft deine Intuition und macht dich resistenter gegen die Angst vor dem Scheitern. Du wirst mutiger, wagst mehr und schließlich rollt der Ball nicht nur, sondern nimmt Fahrt auf. Wenn dieser Ball dann dank deiner Intuition in die richtige Richtung rollt, bringt dir das positive Ergebnisse, die du niemals hättest vorhersehen können.

»To have what you have never had, you have to do what you have never done.«

(Roy T. Bennett, Autor)[76]

79. EINMAL EINEN KRASSEN DEAL MACHEN IST EIN SCHLECHTER DEAL

Jeder Deal ist wie eine Abfahrt auf der Autobahn und lenkt deinen weiteren Weg in eine bestimmte Richtung. Die einzelnen Abfahrten können sich dabei zum Verwechseln ähnlich sehen, führen aber in völlig verschiedene Richtungen – im schlimmsten Fall entgegengesetzt zu deiner langfristigen Vision, deinem Leitstern.

Deals, die auf den ersten Blick krass gut erscheinen, können sich als genau solche Irrfahrten herausstellen. Fällst du auf sie herein, brauchst du deutlich länger, um wieder auf die richtige Spur zu kommen, als wenn du auf deine Intuition vertraut und den Deal genauer inspiziert hättest. So erging es auch mir damals nach meinen vielen anfänglichen Online-Geschäften: Sie sahen nach erfolgreichen Deals aus, aber ihnen fehlte die Langfristigkeit. Sie führten mich nicht zu Reichtum, sondern in eine Sackgasse.

Meinen Online-Geschäften mangelte es am Win-win, der einen guten Deal ausmacht. Ich habe dir nun schon oft genug von dessen Notwendigkeit erzählt, nun ermutige ich dich, dieses Wissen auf dein gesamtes Leben anzuwenden und alle deine zwischenmenschlichen Kontakte derart zu gestalten. Denn betrachte die Makroperspektive: Machst du einen guten Deal, von dem beide Seiten profitieren, entsteht nicht nur eine positive Beziehung zwischen dir und deinem Gegenüber – es entsteht ein Multiplikator für deine gesamte Person und Herangehensweise. Du gewinnst einen Fürsprecher für deinen Erfolg.

Ich spreche das mittlerweile sogar aktiv in Verhandlungen an:

Wenn wir uns in zwei Jahren wiederbegegnen, schütteln wir uns dann freudig die Hände?

Das ist mein Mindeststandard für zwischenmenschliche Interaktionen rund um Deals. Ich spüre nicht nur, wie erfüllend eine solche Denkweise für mich selbst ist, sondern weiß auch, wie viel Gutes ich dadurch in die Welt bringe. Ich habe es schon erlebt, wie aus solchen positiven, beidseitig vorteilhaften Deals unglaubliche Gelegenheiten entstanden, die ich niemals geahnt hätte.

In den Verhandlungen und Beziehungen, die wir aufbauen, geht es um mehr als nur um den Deal selbst. Es geht um Energie und um Geben und Nehmen. Es sind die Beziehungen, die wir aufbauen, die als Multiplikatoren für zukünftige Gelegenheiten wirken – für uns selbst und andere. Schlechte Nachrichten verbreiten sich bekanntlich schneller als gute. Verbrennt sich jemand in einem Deal mit dir die Finger und redet anschließend schlecht über dich, wird er mehr Zuhörer finden als jemand, der gut von dir berichtet. Deshalb solltest du umso mehr daran interessiert sein, keine Brücken hinter dir abzubrechen und andere am Flussufer zurückzulassen.

Natürlich gibt es genügend scheinbar langfristig erfolgreiche Menschen, die sich offenbar nicht um die Belange anderer kümmern und nur an ihrem eigenen Wohl interessiert sind. Das lässt sich aber nur begrenzt lange durchhalten. Irgendwann haben sie so viel Energie gegen sich, dass sich die Welt vor ihnen verschließt – der Tod lukrativer Deals. Vergleich das mit einem Gewitter: Du kannst dich an den höchsten Punkt auf freier Flur stellen und das kann hundertmal gut gehen. Das eine Mal, wenn dich der Blitz trifft, sind deine Freiluftexkursionen aber endgültig Geschichte.

Stattdessen gestalte Win-win-Deals mit jedem, dem du begegnest, selbst mit jemandem, der in einer prekären Lage steckt und ein gefundenes Fressen für andere Investoren wäre. Du musst niemandem einen Deal überstülpen, nur weil sich derjenige schlecht dagegen wehren kann. Zeig Verständnis, sei offen, ehrlich und transparent, auch in Situationen, wo man das nicht von dir erwartet.

»The way to achieve your own success is to be willing to help somebody else get it first.«

(Iyanla Vanzant, US-amerikanische Anwältin und Motivationsrednerin)

Jeder, den du besser hinterlässt, als du ihn vorgefunden hast, und dadurch zum Multiplikator deiner positiven Energie machst, trägt anschließend nicht nur deinen guten Ruf hinaus in die Welt – er gewinnt auch für sich selbst mehr positive Energie. Gesteigertes Selbstbewusstsein, gute Laune und die eigene Bereitschaft, mehr zu geben als zu nehmen, sind Nebeneffekte deines Vorgehens. Diese Eigenschaften multiplizieren sich in der Folge mit jedem Deal, den diese andere Person macht, egal ob mit dir oder mit Dritten. Was du in Gang gesetzt hast, setzt sich fort wie Wellen auf der Wasseroberfläche.

Das gibt dir das gute Gefühl, etwas Positives herbeigeführt zu haben, das über deine eigene Person hinausgeht. Plötzlich gibt es mehr Deals in der Welt, bei denen beide Parteien das Gefühl teilen, dass sie gewonnen haben.

Das schafft nicht nur eine einmalige positive Erfahrung, sondern baut auch eine Peergroup auf, eine Gruppe, die eine gemeinsame gute Erfahrung teilt und bereit ist, in Zukunft wieder zusammenzuarbeiten. Dies ist der Beginn einer langfristigen, positiven Beziehung, die zu noch mehr und besseren Deals führt – nicht nur für dich, sondern für die Gemeinschaft im Ganzen.

»Wer zueinander steht, kann miteinander wachsen.«

(unbekannt)

80. DIE MACHT EINER PEERGROUP

Du siehst, dass wir nach und nach auf die verschiedenen Aspekte, die ich im Laufe dieses Buches angesprochen habe, zurückkommen und sie von der Mikro- auf die Makroebene erheben. Mit der richtigen Philosophie hinter deinen Deals schließt du nämlich nicht nur Beziehungen mit den unmittelbar am Deal Beteiligten ab, sondern eröffnest dir den Zugang zu einer Gruppe Gleichgesinnter – deiner Peergroup.

Deine Peergroup spielt eine entscheidende Rolle in deinem Erfolg und deinem Leben, indem sie dir hilft, deine Intuition zu schärfen, und dir verschiedene Perspektiven aufzeigt. Dein Ball kommt langsam ins Rollen. Du kannst ihn allein voranbringen, aber wie viel mehr erreichst du, wenn auch andere Menschen um dich herum deinen Ball anstoßen? Du bist entweder ein Ein-Mann-Team auf dem Fußballplatz und versuchst, alles selbst herauszufinden und umzusetzen, oder du passt den Ball zu deinen Mitspielern, die dir helfen, Hürden zu umspielen und Tore zu schießen.

 »Great things in business are never done by one person. They are done by a team of people.«

(Steve Jobs)[78]

Gleichzeitig rollen die Mitglieder deiner Peergroup ihre eigenen Bälle, deren Lauf du verfolgen kannst. Durch Beobachten und Interaktion lernst du, was für andere funktioniert, wo du deine eigenen Fähigkeiten und dein Verständnis verbessern kannst, und profitierst von der Außenperspektive anderer, insbesondere wenn sie anders gelagertes Wissen besitzen als du. Bist du ein Autorennfahrer, reicht es nicht aus, dich mit anderen Rennfahrern zu umgeben. Such auch die Gesellschaft von Mechanikern, Technikern und ähnlichen, um ein besseres Gesamtbild zu erhalten.

»No one of us is as smart as all of us.«

(Ken Blanchard, Unternehmer und Autor)[79]

Genau diese Erfahrung habe auch ich gemacht: Je weltgewandter ich werde und je besser ich meine Tätigkeiten in ein großes Ganzes einordnen kann, desto erfolgreicher werde ich. Mit je mehr unterschiedlichen Peergroups du dich umgibst, desto mehr Gedankenanstöße und Inspiration findest du. Ob du dann das gewonnene Wissen umsetzt oder nicht, bleibt dir überlassen. Hauptsache ist, dass du überhaupt erst Berührungspunkte geschaffen hast.

Wann immer wir uns mit inspirierenden Menschen umgeben, erzeugen wir synergetische Effekte, Energie und Impulse, die deine eigene Energie steigern und in die richtigen Bahnen lenken. Du besitzt bereits das Feuer des Tatendrangs in dir – deine Peergroup ist der Brandbeschleuniger, der dein Feuer zum unaufhaltsamen Antrieb deines Erfolgs machen kann.

Durch Synergie übersteigt der Wert eines Ganzen den Wert der Summe seiner Teile.

Es geht dabei nicht darum, andere zu kopieren oder nachzuahmen. Am Ende musst du stets deiner eigenen Intuition folgen und andere können dir Entscheidungen nicht abnehmen. Es geht vielmehr darum, dir ein Umfeld zu schaffen, das reich an Erfahrungen, Ideen und Wissen ist. In einer solchen Umgebung kannst du wachsen, lernen und deine eigene Strategie auf den Prüfstand stellen.

»Find a group of people who challenge and inspire you; spend a lot of time with them, and it will change your life.«

(Amy Poehler, US-amerikanische Schauspielerin und Filmproduzentin)[80]

Falls du befürchtest, als Anfänger in einer Peergroup aus gestandenen Machern nichts beitragen zu können, kann ich dich beruhigen. Als ich damals mit dem Pokern anfing und das erste Mal nach Wien fuhr, fand ich mich in einer neuen Peergroup aus Spielern wieder, die scheinbar schon so viel weiter waren als ich. Aber auch sie profitierten von meiner Außenwahrnehmung und meiner für sie unkonventionellen Herangehensweise. Diese dynamische Wechselwirkung ermöglichte es uns allen, voneinander zu lernen und miteinander zu wachsen.

Der Mehrwert, den du einer Gruppe bringst, ist mindestens so viel wert wie der Gewinn, den du aus einer Peergroup ziehst. Denk immer daran: Geben vor Nehmen. Wenn du in deiner Peergroup authentisch bist und Wert schaffst, ohne notwendigerweise direkt etwas zurückzuerwarten, öffnen sich dir Türen zu neuen Möglichkeiten und noch besseren Deals.

Dann sind andere mehr als bereit, sich auch für dich einzusetzen. Je mehr Bälle für dich ins Rollen kommen, desto mehr Schub bekommt dein Erfolg. Und du wirst sehen, dass irgendwann die gesamte Energie der Welt für dich rollt.

81. JEDER KLEINE DEAL IST TEIL EINES GRÖSSEREN DEALS

Was du in die Welt bringst, wirkt sich fort und kommt auf irgendeine Weise über kurz oder lang zu dir zurück. Dadurch sind auch alle deine Deals umfassend miteinander verknüpft und beeinflussen deine zukünftigen Handlungen und Entscheidungen. Jeder kleine Deal ist Teil von etwas Größerem, einem übergreifenden Deal.

Da alle Dinge dieser Welt aufeinander aufbauen, gibt es keinen Anfang und kein Ende, sondern jedes Ende ist der Anfang von etwas Neuem. Stell dir das vor wie ein Hochhaus: Jedes Stockwerk besteht aus Fußboden und Decke. Die Decke des einen Stockwerks ist dabei der Fußboden des nächsten. Es gibt kein klares Ende, sondern nur eine ständige Fortsetzung und Entfaltung. Jeder Deal, jede Entscheidung, die du triffst, ist wie ein Stockwerk in diesem Hochhaus. Der Outcome eines Deals ist der Ausgangspunkt eines neuen und alles basiert aufeinander.

»In der lebendigen Natur geschieht nichts, was nicht in einer Verbindung mit dem Ganzen stehe (...)«

(Johann Wolfgang von Goethe)[81]

Jeder Deal ist dadurch ein Schritt vorwärts, aber kein endgültiges Ziel. Das ist auch der Grund, warum finanzieller Reichtum für mich immer nur Mittel zum Zweck ist. Mit der Macht finanzieller Ressourcen kann ich mehr Freiheit schaffen und mehr Hilfe leisten. Durch strategisch eingesetzte Mittel bewirke ich langfristig positive Veränderungen. Sie erlauben mir vor allem, zunächst unmittelbare Hilfe zu leisten, während ich gleichzeitig an dauerhaften und tragfähigen Lösungen arbeite. Dabei geht es mir aber nie um die reine Summe, sondern stets um das, was sie versinnbildlicht und ermöglicht.

So wie jeder Deal eine Folge hat, wirkt sich auch jeder kleine Deal auf deine Gesamtsituation und dein Leben aus. Den meisten Auswirkungen bist du dir dabei gar nicht bewusst. Nehmen wir an, du fastest für eine Woche. Deine Intention war, deinen Körper zu reinigen, aber die Auswirkungen gehen weit darüber hinaus. Vielleicht findest du innere Ruhe oder hast schlichtweg mehr Zeit für andere Aktivitäten. Diese unerwarteten Ergebnisse zeigen, wie vielschichtig die Folgen jeglicher Entscheidungen sein können.

Das Leben steckt voller überraschender Wendungen und manchmal haben selbst die kleinsten Deals die bedeutendsten Effekte. Diese Auswirkungen sind dabei nie schwarz-weiß, sondern facettenreich. Versuch, die Verbindungen zu verstehen, und sei offen für Anpassungen, wenn deine Intuition dir dazu rät. Denn jeder kleine Deal ist ein essenzieller Teil des größeren Ganzen deines Lebens.

Deine Handlungen sind wie kleine Investitionen, die du tätigst, um etwas Größeres zu erreichen. Der Zinseszinseffekt, bekannt aus der Finanzwelt, lässt sich auf die Entscheidungen in deinem Leben übertragen. Jede Handlung trägt dazu bei, dein Kapital in Form von Erfahrungen, Wissen und Weisheit zu erhöhen.

Das mag dazu verlocken, so viele Deals wie möglich zu machen. Stell aber sicher, dass du dich nicht überforderst. Sei dir bewusst, in welchem Stadium du dich befindest, und wie viel du dir zutrauen kannst. Es geht nicht darum, rücksichtslos ein riesiges Ergebnis anzupeilen, da dies die Wahrscheinlichkeit erhöht, dass Dinge nicht so enden, wie du es dir wünschst. Fährst du mit 200 km/h auf der Autobahn deines Lebens, kommst du vielleicht schneller vom Fleck, du läufst aber auch Gefahr, die Kontrolle zu verlieren und für sechs Wochen im Krankenhaus zu landen. Diese Auszeit würdest du dann nur sehr schwer wieder aufholen. Fährst du stattdessen konstante 120 km/h, bist du zwar langsamer, hast aber mehr Kontrolle. Es kann aber auch sein, dass du dir selbst das noch nicht zutraust und lieber 80 km/h fährst. Hauptsache ist, die für dich und deinen Erfahrungslevel passende Geschwindigkeit herauszufinden und sie gemäß deinem Wachstum langsam zu deinem persönlichen Optimum zu führen.

»Time is your friend; impulse is your enemy. Take advantage of compound interest and don't be captivated by the siren song of the market.«

(Warren Buffet)[82]

Folgst du deiner Intuition, wirst du sehen, wie auch in deinem Leben die Deals wie Wellen ineinanderfließen. Ein Deal wird zum Beginn des nächsten, der wiederum etwas Neues einläutet und so weiter. Du nutzt den Zinseszinseffekt und den unaufhörlichen Kreislauf von Investitionen und Renditen in Form von Handlungen und Entscheidungen, um Schritt für Schritt zu wachsen und dich zu Größerem vorzuwagen.

82. WAS SPRICHT GEGEN DEN DEAL? – DER GRÖßERE DEAL

Indem jeder kleinere Deal Teil eines größeren Deals ist, bedeutet das auch, dass dich kleine Deals in ihrer Summe in eine bestimmte Richtung lenken können – eventuell eine Richtung, die für dich nicht die richtige ist.

Damit meine ich, dass du mit Blick auf deine Ziele entscheiden musst, welche kleinen Deals für dich zielführend sind, weil sie das passende Gesamtbild ergeben. Willst du das Mosaik einer schneebedeckten Landschaft erstellen, bedienst dich aber nur dunkelroter Mosaikstücke, wirst du dein angestrebtes weißgraues Ganzes nicht erreichen. Jeder kleine Deal muss zu deiner langfristigen Vision passen. Darauf macht dich auch deine Intuition immer wieder aufmerksam.

Werde dir der Folgen eines Deals bewusst. Passen die Folgen des Deals nicht zu deiner Vision, nimm Abstand. Gleichzeitig kann es sein, dass dich ein scheinbar defizitärer Deal langfristig weiterbringt und du für den Moment Verluste in Kauf nehmen musst, wenn es dem nachhaltigen Erfolg dient.

Zum Beispiel wartete ich lange Zeit mit dem Kauf eines Eigenheims, um mehr Liquidität für Investitionen zur Verfügung zu haben. Ich wusste, dass ich das investierte Kapital nicht mehr anderweitig hätte nutzen können. Doch als ich schließlich eine Familie gründete, änderte sich meine Perspektive. Der Bau eines Hauses für meine Familie, obwohl es Eigenkapital bindet, wurde zum besseren Investment. Liquidität für weitere Investitionen war der kleinere Deal. Der größere beinhaltete die Lebensqualität, Sicherheit und Zufriedenheit, die ein Zuhause meiner Familie bieten würde.

Überleg dir:

1. Welche Folgen hat ein Deal?
2. Wie wichtig sind mir diese Folgen?
3. Wie fügen sie sich in das langfristige Ganze ein?

Wie weiter oben festgestellt, lohnt es sich, Deals radikal auszusortieren. Tu das auch mit Blick auf die Makroperspektive deines Lebens. Es ist definitiv keine Schande, einen Deal nicht zu machen, wenn er nicht zu deinen langfristigen Plänen passt.

Einen Deal nicht gemacht, das hast du schon.

Behalte die Relevanz und die Folgen deiner Entscheidungen im Auge und bewerte, was in deinem Leben am wichtigsten ist. Der erfolgreiche Unternehmer und Investor Naval Ravikant veröffentlichte zum Beispiel sein Buch komplett kostenlos im Internet. Ihm ging es nicht um finanziellen Gewinn. Er gab, ohne zu nehmen, und hatte nichts zu verlieren. Er wollte einfach nur sein Wissen weitergeben. War er vorher bereits begehrter Deal-Partner, ging seine Popularität nach diesem Stunt durch die Decke.

»The best founders I've found are the ones who are very long-term thinkers. Even decisions that maybe they shouldn't care that much about early on, they fix it because they are not building a house, they're putting bricks in the foundation of the skyscraper, at least in their minds.«

(Naval Ravikant)[83]

Deine Intuition spielt eine wesentliche Rolle bei der Entscheidungsfindung, auf welche Deals du dich konzentrieren solltest. Entscheidungsfindung ist keine rationale, sondern eine intuitive Tätigkeit. Wie diese Deals anschließend ausgestaltet werden, bestimmt dann deine Ratio. Zuerst aber musst du aussortieren, welche Deals zu deiner langfristigen Vision passen. Deine Intuition erkennt dabei nicht nur das übergeordnete Ziel, sondern auch Effekte kleinerer Deals, die für dich im Verborgenen liegen.

83. DER GRÖSSTE DEAL KOMMT NIE

Jeder kleinere Deal ist Teil eines größeren Deals und viele einzelne Facetten fügen sich zu einem immer größer werdenden Ganzen. Nun fragst du dich wahrscheinlich, was das große Ganze ist. Was ist der größte Deal, das Endziel?

Erinnere dich zurück an deine Vision, deinen Leitstern. Was motiviert dich? Für manche mag das Endziel mentaler Natur sein, wie das Gefühl eines erfüllten Lebens, während es für andere materieller Form ist, wie das Erreichen eines bestimmten Wohlstandsgrades. Vielleicht träumt ein Investor davon, ausreichend passives Einkommen zu erwirtschaften, um den Rest seiner Tage friedlich auf dem Golfplatz Partie um Partie zu spielen. Was aber, wenn er nach zwei Jahren des ununterbrochenen Golfspielens die Lust daran verliert? Oder wenn er sich entscheidet, lieber möglichst viel Zeit mit den Enkelkindern zu verbringen?

Die Ziele und Visionen, die wir uns setzen, können sich wandeln, je nach Lebensphase, Umständen und Kontext. Das liegt daran, dass wir uns die meisten Ziele rational setzen. Visionen sollten aber keine Vorstellung des Verstandes sein. Das ist der Grund, warum ich dich am Anfang dieses Buches dazu eingeladen habe, dein Warum tiefer und tiefer zu erfragen. Je mehr du zum Kern deiner Motivation vorstößt, desto deutlicher tritt deine Intuition zutage und desto mehr löst du dich von oberflächlichen, materiellen Zielen. Du siehst dann, was wirklich wichtig ist und was hinter deinen Zielen steht.

**Du fragst nach einem Stück des Kuchens.
Ich frage nach dem Rezept.**

Du weißt mittlerweile, dass dich das Vertrauen in deine Intuition zu den erfüllendsten Deals führt und dem für dich besten, langfristigen Outcome. Interessanterweise weiß deine Intuition bereits, was dein langfristiges Ziel sein sollte, selbst wenn du dich selbst hinsichtlich deiner Pläne umentscheidest.

Ich will hier gar nicht zu sehr in die spirituelle Tiefe und den Sinn des Lebens eintauchen. Fakt ist, dass wir alle auf unserer eigenen Reise sind und alle Deals, die wir schließen, Schritte auf dem Weg hin zu etwas sind, das über uns als Individuen hinausgeht. Selbst wenn wir uns nicht komplett im Klaren darüber sind, worauf unser Leben schlussendlich hinausläuft, so können wir doch darauf vertrauen, dass uns unsere Intuition die richtige Richtung weist. Folgst du deiner Intuition bedingungslos, wirst du die Erfahrungen machen und die Schritte gehen, die nötig sind, um dein Leben zu deinem persönlichen Besten zu leben, egal wie das am Ende aussieht.

»(...) everything is interconnected and has a meaning. That meaning may remain hidden nearly all the time, but we always know we are close to our true mission on earth when what we are doing is touched with the energy of enthusiasm.«

(Paolo Coelho)[84]

Am Ende des Tages wissen wir nicht, wie der größte Deal für uns aussieht oder ob es ihn überhaupt gibt. Wir sehen intuitiv zu denen auf, die scheinbar ihre Berufung gefunden haben, ihrer Intuition folgten und über sich hinausgewachsen sind – über den Tod hinaus. Schließlich gibt es genügend Menschen, die in unserer Welt noch immer existieren, obwohl sie bereits verstorben sind.

**Entwickle dich ständig und beweg dich fort.
Der Weg ist dein Ziel.**

Jeder Deal führt dich zu weiteren, größeren Deals. Das Schlimmste, was du daher tun kannst, ist aufzuhören, Deals zu machen. Wer keine Entscheidungen trifft und sich nicht vom Fleck bewegt, ist praktisch leblos.

Das Leben besteht aus einer Abfolge von Deals. Einige davon mögen groß und endgültig erscheinen, aber in Wirklichkeit sind auch sie nur ein Teil der kontinuierlichen Entwicklung, des nicht enden wollenden Prozesses des Lernens und Wachsens. Die unzähligen kleinsten Deals alltäglicher Entscheidungen formen deinen Tag. Wie du deinen Tag verbringst, formt die größeren Deals deiner Gewohnheiten. Diese wiederum formen die Deals deines Erfolgs. Indem du in jedem Deal, von klein bis groß, deiner Intuition folgst, entwickelst du dich in die für dich beste Richtung. Bei jeder neuen Entscheidung hör auf dein Bauchgefühl. Bleib auf Trab und richte dich immer neu nach deiner Intuition aus, anstatt sie vom Alltagstrott überlagern zu lassen.

84. NICHTS FÜR GEGEBEN NEHMEN

In Sinne deiner ständigen Neuausrichtung möchte ich noch weitere Konzepte auf die Makroebene erheben: Du weißt, dass du alles hinterfragen musst, um zum bestmöglichen Deal vorzudringen. Du weißt außerdem, dass dich unkonventionelles Handeln weiter bringt, als mit der Masse zu gehen. Die Grundlage für beide Herangehensweisen ist, dass du nichts für gegeben nehmen darfst.

Sei es in Bezug auf dich selbst, andere Menschen, gesellschaftliche Konventionen oder auch im Business. Hinterfrage alles, deine eigenen Überzeugungen und das Offensichtliche eingeschlossen. Akzeptiere nichts als gegeben oder als Grundvoraussetzung.

Warum ist das so wichtig? Wenn du Dinge einfach so hinnimmst, wie sie dir präsentiert werden, lebst du eventuell das Leben nach den Vorstellungen anderer. Es bedeutet, in den Fußstapfen anderer zu wandeln, anstatt deinen eigenen Weg zu finden. Zum Beispiel: Wo auch immer du lebst, gelten dort Gesetze. Nimmst du diese Gesetze als gegeben hin, richtest du dein Handeln möglicherweise an etwas aus, das nicht deinen Werten entspricht. Dann ist es Zeit, sogar übergeordnete Muster nicht als gegeben zu nehmen und die Bedingungen nicht einfach zu akzeptieren. Es gibt immer Raum für Veränderung und Anpassung, sei es durch Umzug, Aktivismus oder auf andere Weise.

Das Wichtigste ist, nicht einfach hinzunehmen, was ist, sondern aktiv zu entscheiden, welches Leben du führen möchtest.

Ich werde es zum Beispiel niemals als gegeben hinnehmen, wie Banken in Deutschland den Wert von Immobilien basierend auf dem Kaufpreis einschätzen. Wert und Kaufpreis können sich signifikant voneinander unterscheiden, ansonsten gäbe es schließlich keine Margen im Handel. Beides gleichzusetzen ist lediglich ein einfacher Ausweg ohne Aufwand und eröffnet Raum für unethisches Verhalten. Dieses System, das sich als starr und unveränderlich darstellt, muss hinterfragt werden, um Verbesserungen und Fortschritt zu ermöglichen.

Gleiches gilt aber auch für dich selbst. Nur weil du einmal etwas geäußert hast, bedeutet das nicht, dass es für den Rest deines Lebens gilt. Ein Sänger, dessen Musik du vor zehn Jahren gern gehört hast, entspricht heute vielleicht nicht mehr deinem Geschmack. Sich das aber einzugestehen, ist erstaunlich schwierig. Hinterfrage deine eigenen Meinungen und Glaubenssätze ständig. Entsprechen sie noch deiner Überzeugung? Du wächst und änderst dich. Warum sollten sich deine Gedanken nicht mit dir ändern?

Blicke jeden Tag neu auf die Dinge – sie könnten sich in den letzten 24 Stunden geändert haben, schließlich befindet sich die Welt in konstantem Wandel. Ohne Kontemplation der Veränderungen der Welt geht der Wandel an dir vorbei. Dann stehst du still und entwickelst dich nicht weiter.

Veränderung ist die einzige Konstante im Leben.

Es ist wichtig zu erkennen, dass wir uns ständig weiterentwickeln und verändern. Was gestern noch zutreffend war, muss heute nicht mehr gelten.

»The most important skill for getting rich is becoming a perpetual learner.«

(Naval Ravikant)[85]

Die erfolgreichsten Menschen nehmen nichts als gegeben hin. In Business-Deals zeigt sich die Bedeutung dieses Konzepts sehr deutlich. Man muss in der Lage sein, über den Tellerrand hinauszublicken und sich nicht nur auf das Offensichtliche zu verlassen. Es könnte sogar sein, dass dein Deal-Partner nicht unbedingt weiß, was das Beste für ihn selbst ist, und du, indem du nichts für gegeben nimmst, flexibel und intuitiver agierst, um für alle bessere Ergebnisse zu erzielen.

Ein aktuelles Beispiel aus meinem Leben ist ein Hotel-Deal. Anstatt die gängigen Praktiken und Vertragsbedingungen einfach zu akzeptieren, hinterfrage ich, suche nach besseren Lösungen und betrachte die Situation aus verschiedenen Blickwinkeln. Durch diesen Ansatz konnten der Verkäufer und ich zusammen mit Juristen innovative Lösungen finden, die in traditionellen Verhandlungen nicht denkbar gewesen wären.

»A lot of people are afraid to say what they want. That's why they don't get what they want.«

(Madonna, Sängerin, Schauspielerin und Designerin)[86]

Meine Erfahrung hat mich gelehrt, dass Hinterfragen bereits bei den kleinsten Dingen im Alltag beginnt. Indem du nichts für gegeben nimmst, öffnest du dich für unendliche Möglichkeiten, lernst dazu, entwickelst dich weiter, kannst echte Freiheit erfahren und authentischer leben. Kinder sind hierfür ein großartiges Beispiel: Sie hinterfragen ständig alles, weil für sie noch nichts als selbstverständlich gilt. Warum ist blau blau? Was ist die Sonne? Warum essen wir Frühstück? Sie besitzen diese gewisse Unschuld und Neugier, die es ihnen erlaubt, ständig zu lernen und zu wachsen. Das ist einer der Gründe, warum Kinder uns ein großartiges Vorbild im Leben sein können.

85. DEIN INNERES KIND: DIE EBENEN DES INTUITIVEN ANTRIEBS

Kinder hinterfragen nicht nur alles, sie handeln auch deutlich intuitiver. Tatsächlich werden bei ihnen die unterschiedlichen kognitiven Ebenen besser ersichtlich, als dies bei Erwachsenen der Fall ist.

In Kindern sehen wir die unverfälschten Ebenen des Instinkts und der Intuition in Aktion. Alles, was Kinder in den ersten Jahren lernen, ist von einem Überlebensinstinkt getrieben, ob es nun Laufen oder Sprechen ist. Sie lernen Sprache instinktiv, denn Kommunikation ist überlebenswichtig.

Auch ihre Intuition ist deutlich stärker ausgeprägt und noch nicht unter Schichten von Ratio begraben. Die Rationalität entwickelt sich erst deutlich später. Das ist einer der Gründe, warum Kinder Realität und Fantasie mischen. Ihre Sicht ist nicht durch rationale Ketten und Logik gebunden. Sie kombinieren, was sie in der Welt aufnehmen – Fakten, Geschichten, Hörensagen und vieles mehr –, und alles ergibt für sie in ihrer einzigartigen, intuitiven Weise Sinn.

Auch ihre Wahrnehmungsfähigkeit ist von Intuition durchdrungen. Beobachte zum Beispiel, wie Kinder auf die Energie der Menschen um sie herum reagieren. Sie lesen Menschen, interpretieren die Energien, die sie aussenden, und reagieren intuitiv. Ein Kind wird sich spontan von einer Person mit negativer Energie distanzieren und sich einer Person mit positiver Energie zuwenden. Dies ist die Macht der kindlichen Intuition, die oft unverfälschter und exakter ist, weil sie nicht durch rationale Überlegungen und gesellschaftliche Konventionen getrübt wird.

Kindliche Entscheidungen und das intuitive Abwägen erfolgen dabei in Sekundenbruchteilen. Bei einer derartigen Geschwindigkeit nehmen wir den Prozess der Intuition nicht als solchen wahr. Dabei wägt die Intuition für uns alle verfügbaren Informationen der Welt, der Vergangenheit, der Gegenwart und der Zukunft ohne Verzögerung ab und findet die für uns beste Vorgehensweise.

 »Intuition ist Intelligenz mit überhöhter Geschwindigkeit.«

(unbekannt)

Leider korrumpiert unsere Gesellschaft die kindliche Intuition früher und früher in ihrem Leben. Zum Beispiel bei der Auswahl von Nahrungsmitteln: Ein Kind, das intuitiv handelt, wählt nicht nach rationalem Abwägen, sondern folgt seinem spontanen Gefühl, dem wortwörtlichen Bauchgefühl. Es sucht sich intuitiv die Lebensmittel aus, die es benötigt.

Sobald aber Zucker, Fett und bunte Farben ins Spiel kommen, überwiegt meist die Stimme des Instinkts. Diese machen sich Lebensmittelhersteller zunutze, um bereits früh im Leben Abhängigkeiten zu etablieren.

Umso wichtiger ist es, die kindliche Intuition so lange wie möglich zu erhalten oder sie in unserem Fall später im Leben zurückzugewinnen. Als Erwachsene verschütten wir unsere Intuition gern unter einem Berg des Verstandes, bis es uns schwerfällt, unsere Bauchstimme überhaupt noch wahrzunehmen.

Wenn du die Chance hast, etwas nicht durch rationale Überlegungen und Abwägungen zu erfassen, sondern spontan zu fühlen und auf dein Bauchgefühl zu hören, tu es!

Gewinne deine Intuition wieder! Durch das Zulassen deiner Intuition ermöglichst du dir, in einer Weise zu handeln und zu entscheiden, die sich in Harmonie mit deinem inneren Selbst und den universellen Energien um dich herum befindet.

Die Intuition ist immer in uns, von Geburt an. Kinder zeigen uns sehr deutlich, dass es mehr als nur die rationale Ebene gibt, auf der Entscheidungen getroffen werden können. Wir müssen lernen, auf unsere innere Stimme und die intuitive Weisheit, die in uns liegt und die uns leitet, zu hören.

Zu Beginn dieses Buches beschrieb ich dir, wie du durch die Bereitschaft, Amateur zu sein, zu mehr Erfolg gelangst. Du hast nun unglaublich viel gelernt und bist viele Schritte weiter – und so schließen wir den Kreis. Kehre zu deinen Anfängen zurück, werde wieder Kind, sei offen, neugierig und setze alles in ein neues Verhältnis mit dir selbst. Dann erlaubst du deiner Intuition, für dein persönliches Optimum zu entscheiden, und lebst nicht nur ein erfolgreiches, sondern vor allem ein erfülltes Leben.

»The sign of intelligence is that you are constantly wondering. Idiots are always dead sure about every damn thing they are doing in their life.«

(Sadhguru)[87]

86. FINAL TABLE

Du sitzt am finalen Tisch, dem letzten Schritt vor dem Sieg. Du hast die Werkzeuge und alles, was du brauchst, in der Hand: Selbstbewusstsein, Aura, Ausstrahlung, Technik, Methodik, Gefühl und vor allem deine Intuition. Du bist bereit. Was nun?

Ganz einfach: Es ist egal. Es ist egal, ob du gewinnst oder verlierst, ob du früh oder spät ausscheidest, wie viel Geld du mit nach Hause nimmst oder ob du heute draufzahlst. Alles ist nur ein Teil des Ganzen, ein Moment im Kontinuum deiner Erfahrungen und Lernprozesse.

Du sitzt am Finaltisch und es geht dir um nichts. Du bist bereit zu verlieren. Du spürst die Energie, lässt sie fließen. Selbst diesen Deal machst du nicht für das Geld, sondern weil deine Intuition dir sagt, dass du hier genau richtig bist. Einatmen, ausatmen, lächeln.

Der Ausgang ist deiner Intuition bereits bekannt.

Warum nicht eine Karte zeigen? Oder sogar deinen Gegner ermuntern, zusammen den besten Deal zu machen? Sei unkonventionell und hab Spaß daran! Der Ausgang deiner Endpartie ist so irrelevant wie das Ende dieses Buches. Solange du dich gut fühlst und dich deine Intuition in deinem Handeln bestärkt, bist du immer auf dem richtigen Weg.

Hör auf deine Intuition. Und wenn die dir sagt, dass ich in diesem gesamten Buch keinen wertvollen Satz abgegeben habe, ist das auch in Ordnung. Ein Freund von mir, mit dem ich in London war, machte mir sehr deutlich, dass er keinen Bezug zu spirituellem Gerede über Bauchgefühle und universelle Energie habe. Nach unserem intensiven Austausch und einer konfrontativen Diskussion flog er nach Hause, isoliert von der Außenwelt, ohne Smartphone, ohne Ablenkungen. In diesen stillen zwei Stunden fand er Klarheit über eine Angelegenheit, die ihn bereits seit Längerem beschäftigt hatte. Als er mir anschließend davon berichtete, wusste ich, dass ihn seine Intuition zum bestmöglichen Ergebnis geführt hatte, sagte aber nichts. Für ihn fühlte es sich an wie die Eingebung seines Verstandes und das war in Ordnung so. Am Ende des Tages siegt die Intuition.

Sieh dieses Buch nicht nur als einen Leitfaden, sondern auch als eine Einladung zur Reflexion und Introspektion. Hinterfrage ALLES, zweifle auch an dem, was ich dir vermittle. Überlege, was für dich Sinn ergibt und was nicht – was sich gut anfühlt und was nicht. Letztendlich höre auf deine Intuition, nutze, was für dich funktioniert, und wirf die restlichen Karten ab.

Du hast bereits gewonnen. Auch dieses Ende ist der Anfang von etwas Neuem, der Beginn deiner nächsten Reise. Deine Intuition weiß, wohin sie dich führt.

»Mit Zitaten kann man alles beweisen. Auch das Gegenteil.«

(Erhard Blanck, deutscher Heilpraktiker und Schriftsteller)[88]

NACHWORT:

INTUITION SCHLÄGT KI

Die Welt verändert sich ständig und die neueste Errungenschaft nennt sich künstliche Intelligenz (KI). Wie interagieren und vor allem konkurrieren KI und menschliche Intuition in der Welt der Geschäfte und Deals? Werden unsere Denkleistungen bald gänzlich ersetzt und wertlos? Dieses Buch hat dich auf eine Reise durch die Mechanismen und Strategien geführt, die wir einsetzen, um die besten Entscheidungen in unsicheren und komplexen Geschäftssituationen zu treffen. Was aber, wenn wir die Entscheidungsfindung in Zukunft der KI überlassen?

In einer Welt mit omnipräsenter KI wird das Spielfeld neu ausgerichtet. Der allgemeine Kenntnisstand hebt sich. Plötzlich besitzt jeder Zugang zu fortschrittlichen Analysen und dem gesammelten Wissen der Menschheit. Es geht nicht mehr darum, sich Wissen anzueignen, sondern Wissen anzuwenden. Und selbst da scheint uns die KI einen Schritt voraus zu sein.

KI hat das Potenzial, exponentiell viele Informationen in einer Dimension zu verarbeiten, die wir uns kaum vorstellen können. Sie kann Millionen von Datensätzen gleichzeitig analysieren, rational bewerten und Muster erkennen, die für uns unsichtbar bleiben. Bei der Frage, wie man beispielsweise eine Immobilie in Frankfurt am besten verkauft, könnte die KI in Zukunft sämtliche Vorgehensweisen, Kommunikationsstrategien und Verkaufsprozesse erfolgreicher und weniger erfolgreicher Makler auswerten und optimale Strategien vorschlagen.

Dabei begegnet sie allerdings Hindernissen, die interessanterweise menschengemacht sind. Die KI ist nämlich nur so schlau wie das ihr vom Menschen zugewiesene Wissen. Liegt in ihrem Speicher nur begrenzt Information zu einer Thematik vor, bleibt auch der KI nicht viel Spielraum für Interpretation. Außerdem bestimmt die Güte der vorhandenen Informationen die Güte des Outcomes.

Bereiche wie die Ernährung führen uns zum Beispiel vor Augen, wie wir trotz mehr Wissens weniger zu wissen scheinen. Dies ist das Paradox des Informationszeitalters: Es gibt Millionen von Studien, unzählige »faktische« Daten, die aber mehr Verwirrung stiften als Klarheit schaffen. Ein Großteil dieses scheinbaren Wissens ist von Unternehmen und Interessengruppen gestreut und gesteuert und dient weniger der Wahrheitsfindung als der Umsatzsteigerung. Auch eine KI ist vor derartiger Manipulation nicht gewappnet.

»People are good at intuition, living our lives.
What are computers good at? Memory.«

(Eric Schmidt, Informatiker)[89]

Des Weiteren fällt die KI zwei weiteren Risiken zum Opfer: dem Mainstream und der Sprache. Wenn die Masse der Informationen in eine Richtung weist, wird eine KI diese Richtung kaum hinterfragen, selbst wenn sie nicht der Wahrheit entspricht. Und da KI bislang auf Sprache basiert, unterliegt sie auch den natürlichen Limitierungen der Sprache. Es wird noch einiges an Zeit vergehen, bevor die KI außersprachliche Aspekte wie Energie und Gefühle berücksichtigen kann.

Inmitten dieses Sturms von Daten und Meinungen bleibt deshalb eine menschliche Fähigkeit essenziell: die Intuition. Unsere heutige Welt ist geprägt von raschen Veränderungen und der Kreation neuer, künstlicher Produkte und Konzepte, deren langfristige Auswirkungen wir noch nicht vollständig verstehen. Unsere Intuition kann uns dabei helfen, durch das Meer von Unsicherheiten und wechselnden Trends zu navigieren und die für uns besten Entscheidungen zu treffen – abseits von Mainstream, KI oder vorgefertigten Fakten.

Obwohl die KI in der Lage ist, unzählige Daten zu analysieren und rationale Entscheidungen zu treffen, bleibt die Intuition der Bereich, in dem die KI nicht mit dem Menschen konkurrieren kann.

Eine KI ist die ultimative Ratio. Sie trifft Aussagen auf Basis der Vergangenheit, kann aber nicht in die Zukunft blicken und hat deshalb Schwierigkeiten, sich an disruptive Veränderungen anzupassen. Nicht alles ist rational erschließbar und vorhersehbar. Es gibt Elemente, die jenseits der Daten liegen, wie zum Beispiel wortwörtlich irrationale Handlungen. Unsere Intuition versetzt uns in die Lage, selbst bei Ereignissen, die den rationalen Wissensstand übersteigen, Schlüsse zu ziehen und Vorgehensweisen anzupassen. In solchen Situationen ist die Intuition der KI klar überlegen. Die menschliche Intuition ermöglicht es uns, über die rationale Ebene hinauszugehen und Einsichten und Wissen zu erlangen, die für die KI unerreichbar bleiben.

Das macht die intuitive Ebene zum Schlüssel, um in einer sich ständig wandelnden und von der KI dominierten Welt nicht nur zu überleben, sondern zu florieren. Wer auf die reine Ratio vertraut, verliert zwangsweise gegen den überwältigenden Wissensschatz der KI. Diejenigen aber, die ihre Intuition nutzen, werden auch in Zukunft besser und effizienter als jegliche Algorithmen handeln und die besten Deals machen. Die KI mag die Welt der Daten und der Rationalität beherrschen, aber die Welt der Intuition, Kreativität und des Denkens außerhalb der Konvention bleibt dem Menschen überlassen.

Daher ist es entscheidend, dass wir unsere intuitiven Fähigkeiten schärfen und kultivieren. Das Prinzip der Intuition findet in allen Lebensbereichen Anwendung – von der Ernährung bis zur Technologie. Es leitet uns und hilft dabei, kluge und nachhaltige Entscheidungen zu treffen. In der neuen Welt, die sich uns darbietet, reicht es nicht mehr aus, sich ausschließlich auf rationale Analysen zu verlassen. Wir müssen in der Lage sein, über den Horizont hinauszuschauen, unvorhergesehene Möglichkeiten zu erkennen und unserer Intuition zu vertrauen.

Kombiniere deine Intuition mit den Möglichkeiten der KI und erlange einen entscheidenden Wettbewerbsvorteil gegenüber all jenen, die blind auf die KI vertrauen. In der Welt von morgen sind die erfolgreich, die ihre Intuition nutzen.

 **»Don't quote me on that.«**
(John Doe)

ÜBER DEN AUTOR

 »Wer das Spiel des Lebens gewinnen will, muss bereit sein, all-in zu gehen.«

Marco Mattes ist Immobilienunternehmer, Investor, Ferrari-Enthusiast und visionärer Freigeist aus Bad Kreuznach.

Seine Mission als Unternehmer sind Win-win-Deals für alle. Er glaubt daran, dass das Leben ein Spiel ist, bei dem alle Mitspieler gewinnen können. Mit großer Freude hilft er so vielen Menschen wie möglich, ihr Spiel des Lebens zu gewinnen.

Seit seinem 15. Lebensjahr ist er unternehmerisch tätig. Inzwischen hat er ein neunstelliges Immobilien-Portfolio aufgebaut, einige Unternehmensbeteiligungen sowie Investments in erneuerbare Energien und innovative Pharmaprodukte.

Mit viel Leidenschaft hilft er, den Wohnraummangel in Deutschland zu beseitigen. Dies tun sein Team und er durch:

- Umwandlung von Gewerbeflächen in Wohnraum
- Aufwertung von Bestandsimmobilien
- Neubau

Ihm liegt es am Herzen, nachhaltige und mehrwertstiftende Immobilienprojekte zu realisieren.

Vor der Gründung seiner Immobilienunternehmen war er professioneller Pokerspieler und begleitete führend den Aufbau und den erfolgreichen Exit eines E-Commerce-Start-ups mit. Auf diesem Weg eignete er sich einzigartige Fähigkeiten im Verhandeln und Dealmaking sowie eine tiefgreifende Menschenkenntnis an, die er in jedes seiner Projekte einbringt.

Bei allem, was er tut, möchte er durch innovative Ansätze und ein starkes Netzwerk Win-win-Situationen schaffen, um langfristige Werte für alle Beteiligten zu erzeugen.

https://linktr.ee/marcomattes

QUELLENVERZEICHNIS

[1] Wirtschaftswoche (2008): 20.000 Blitzentscheidungen pro Tag. URL: https://www.wiwo.de/erfolg/trends/zeitdruck-im-job-20-000-blitzentscheidungen-pro-tag/5445178.html (abgerufen am 31.07.24, 8:41 Uhr).

[2] Jüstel, Thomas (2024): Aphorismen und Zitate. FH Münster University of Applied Sciences, Münster. Nr. 2183.

[3] Deutsches Handwerksblatt (2024): Bürokratie: Vorgaben und Gesetze statt Eigenverantwortung. Themen-Special Bürokratiewahnsinn im Handwerk. URL: https://www.handwerksblatt.de/themen-specials/buerokratiewahnsinn-im-handwerk/handwerk-buerokratie-vorgaben-und-gesetze-statt-eigenverantwortung-im-unternehmen (abgerufen am 31.07.24, 8:45 Uhr).

[4] Quoteresearch (2022): You Are the Average of the Five People You Spend the Most Time With. URL: https://quoteinvestigator.com/2022/08/08/five-people/ (abgerufen am 31.07.24, 9:00 Uhr).

[5] Kelling, George L. / Wilson, James Q. (1982): Broken Windows. In: Atlantic Monthly, Vol. 249, Issue 3. S. 29–36, 38.

[6] Jüstel, Thomas (2024): Aphorismen und Zitate. FH Münster University of Applied Sciences, Münster. Nr. 126.

[7] Ford Jr., William Clay (2006): January 23, Transcript of Q4 2005 Ford Motor Company Earnings Conference Call, [Key Speaker: William Clay Ford Jr., Chairman & CEO, Ford Motor Company in January 2006], Congressional Quarterly Transcriptions (NewsBank Access World News).

[8] Jobs, Steve (2005) in seiner Rede am 12. Juni 2005 vor den Absolventen der Stanford University, Stanford, California, USA. Übersetzung gemäß MacHistory.net (2021): Steve Jobs: »Stay hungry, stay foolish« – Deutsche Übersetzung der Stanford-Rede. URL: https://www.mac-history.de/2021/10/11/rede-steve-jobs-stanford-deutsch/ (abgerufen am 31.07.24, 12:48 Uhr).

[9] Broom, Sarah M. (2022): All Hail Regina King. URL: https://www.marieclaire.com/celebrity/a29356600/regina-king-interview-2019/ (abgerufen am 31.07.24, 13:03 Uhr).

[10] Suzuki, Shunryu (1973): Zen Mind, Beginner's Mind. Informal talks on Zen meditation and practice. Weatherhill, New York City, USA.

[11] Jarvis, Matt / Okami, Paul (2020): Principles of Psychology. Contemporary Perspectives. European Edition. Oxford University Press, Oxford, UK. S. 333.

[12] Riesenhuber, Maximilian (2006): Die Fehlentscheidung. Ursache und Eskalation. In: Becker, Wolfgang / Weber, Jürgen: Unternehmensführung & Controlling. Gabler Edition Wissenschaft. Deutscher Universitäts-Verlag, Wiesbaden. S. 90 ff.

[13] Dunning, D. / Johnson, K. / Ehrlinger, J. / Kruger, J. (2003): Why people fail to recognize their own incompetence. In: Current Directions in Psychological Science, 12(3), S. 83–87, und Kruger, J. / Dunning, D. (1999): Unskilled and unaware of it: how difficulties in recognizing one's own incompetence lead to inflated self-assessments. In: Journal of Personality and Social Psychology, 77(6), S. 1121.

[14] Salk, Jonas (1983): Anatomy of Reality. Merging of Intuition and Reason. Columbia University Print, USA. Teile daraus wiedergegeben in The Narrative Within (2022). URL: https://artforhousewives.blog/2022/10/20/is-it-love-or-just-intuitive-thinking/ (abgerufen am 03.08.24, 7:28 Uhr).

[15] Aphorismen (2012): Aphorismus zum Thema Gewissen, -losigkeit von Victor Hugo. URL: https://www.aphorismen.de/zitat/189861 (abgerufen am 03.08.24, 7:36 Uhr).

[16] Egert, Andreas (o. J.): Nicolas Chamfort, Georg Christoph Lichtenberg und die Blüte des europäischen Aphorismus. URL: http://www.schwarz-aufweiss.org/fileadmin/user_upload/texte/2017/EGERT_Chamfort_Lichtenberg_2017_09_22_SAW-282.pdf (abgerufen am 03.08.24, 7:42 Uhr).

[17] Newport, Cal (2016): Deep Work. Rules for Focused Success in a Distracted World. Grand Central Publishing, New York City, USA. Zitiert in DFT Community (2023): Deep Work. URL: https://devologyx.io/deep-work/ (abgerufen am 03.08.24, 7:58 Uhr).

[18] Oprah.com (o. J.): 20 Life-Affirming Quotes from Oprah Winfrey. URL: https://www.oprah.com/inspiration/20-life-affirming-quotes-from-oprah-winfrey/all#:~:text=Prozent22WhenProzent20youProzent20don'tProzent20know,sheProzent20creditsProzent20forProzent20herProzent20successes. (abgerufen am 03.08.24, 8:04 Uhr).

[19] Meyer-Patzelt, Henriette (2019): Wo kämen wir hin. URL: https://www.tagesanzeiger.ch/wo-kaemen-wir-hin-604479662380 (abgerufen am 03.08.24, 8:07 Uhr).

[20] Graves, Robert (1956): The Abominable Mr. Gunn. In: Punch 228, 29. Juni, und Zanker, Howard (1967): Introduction to the poetry of Robert Graves. University of Montana, Missoula, USA. S. 58.

[21] Osho International Foundation (2024): Diamonds Regained. URL: https://www.osho.com/osho-online-library/osho-talks/watchfulness-intellect-spontaneity-1391145f-ba3?p=3729990421158dd51f302f0fa3ac4021#:~:text=WhenProzent20theProzent20bodyProzent20functionsProzent20spontaneously,ofProzent20theProzent20soulProzent20Prozent-E2Prozent80Prozent93Prozent20theProzent20subtle. (abgerufen am 03.08.24, 8:27 Uhr).

²² Jüstel, Thomas (2024): Aphorismen und Zitate. FH Münster University of Applied Sciences, Münster. Nr. 2069.

²³ Dietrich Bonhoeffer Gemeinde (o. J.): Worte von Dietrich Bonhoeffer. URL: https://dietrich-bonhoeffer-gemeinde-singen.de/cms/dietrich-bonhoeffer/worte-von-dietrich-bonhoeffer.php (abgerufen am 03.08.24, 8:47 Uhr).

²⁴ Shots Magazin (2016): Gisele Bündchen: Glücklich werden. URL: https://www.shots.media/ladies/2016/gisele-buendchen-gluecklich-werden/10057 (abgerufen am 03.08.24, 8:58 Uhr).

²⁵ Poincaré, Henri (1914): Science and Method. Translated by Francis Maitland. With a Preface by the Hon. Bertrand Russell, F.R.S. Thomas Nelson and Sons, London. S. 129.

²⁶ Politico (2014): Getting There: Maya Angelou. URL: https://www.politico.com/story/2014/05/getting-there-maya-angelou-107195 (abgerufen am 03.08.24, 9:15 Uhr).

²⁷ Sportmob (2021): Bastian Schweinsteiger Quotes, a complete collection. URL: https://sportmob.com/en/article/975870-bastian-schweinsteiger-quotes-a-complete-collection (abgerufen am 03.08.24, 9:28 Uhr).

²⁸ Leonard, Tod (2016): No. 8: Hawk's skating made him an icon. URL: https://www.sandiegouniontribune.com/2014/05/23/no-8-hawks-skating-made-him-an-icon/ (abgerufen am 03.08.24, 9:37 Uhr).

²⁹ Branson, Richard (2018) auf X (vormals Twitter). URL: https://x.com/richardbranson/status/956207537493364738?lang=de (abgerufen am 03.08.24, 10:02 Uhr).

³⁰ What Should I Read Next (2024): Trusting our intuition often saves us from disaster. – Anne Wilson Schaef. URL: https://www.whatshouldireadnext.com/quotes/anne-wilson-schaef-trusting-our-intuition-often-saves (abgerufen am 03.08.24, 10:09 Uhr).

[31] Elevate Society (2024): Some people don't like change, but you need to embrace change if the alternative is disaster. URL: https://elevatesociety.com/some-people-dont-like-change/ (abgerufen am 03.08.24, 10:14 Uhr).

[32] Branson, Richard in The David Rubenstein Show: Richard Branson, 25. Juli 2018, 12:21 Uhr, GMT+0100. URL: https://www.bloomberg.com/news/videos/2018-07-25/the-david-rubenstein-show-richard-branson-video (abgerufen am 01.08.24, 12:53 Uhr).

[33] Bundesministerium für Bildung und Forschung (2004): Albert Einstein: »Phantasie ist wichtiger als Wissen, denn Wissen ist begrenzt«. URL: https://bildungsklick.de/bundeslaender/detail/albert-einstein-phantasie-ist-wichtiger-als-wissen-denn-wissen-ist-begrenzt (abgerufen am 03.08.24, 10:19 Uhr).

[34] Chopra, Deepak (1995): The Way of the Wizard. 20 spiritual lessons for creating the life you want. Harmony Books, Penguin Random House, New York City, USA.

[35] Twain, Mark (1889): A Connecticut Yankee in King Arthur's Court. Charles L. Webster & Company, New York City, USA. Abrufbar unter https://www.gutenberg.org/cache/epub/86/pg86-images.html (abgerufen am 03.08.24, 14:15 Uhr).

[36] Tesla, Nikola (1893): On Light And Other High Frequency Phenomena. A lecture delivered before the Franklin Institute, Philadelphia (24 February 1893). Ebenfalls zu finden in The Electrical review (9 June 1893), S. 683, und in The Inventions, Researches And Writings of Nikola Tesla (1894).

[37] Winfrey, Oprah (2011): Posted on Facebook. URL: https://www.facebook.com/notes/10158881146197220/ (abgerufen am 03.08.24, 14:44 Uhr).

[38] Diels, Hermann (1895): Simplicius. In Aristotelis physicorum libros quattuor posteriores commentaria. Reimer, Berlin (Nachdruck: De Gruyter 1954), S. 1313.

[39] Isaacson, Walter / Bezos, Jeff (2020): Invent and Wander: The Collected Writings of Jeff Bezos. Harvard Business Review Press, Brighton, Massachusetts, USA.

[40] Witte, Sebastian (2008): Auf welche Weise entsteht Intuition? URL: https://www.spiegel.de/wissenschaft/mensch/neurowissenschaft-auf-welche-weise-entsteht-intuition-a-562045.html (abgerufen am 03.08.24, 15:29 Uhr).

[41] Goethe, Johann Wolfgang von (1788), genannt in Danzer, Gerhard (2018): Voilà un homme – Über Goethe, die Menschen und das Leben. Springer Verlag, Berlin.

[42] Branson, Richard (2014): The Virgin Way. Everything I know about leadership. GF Books, Hawthorne, USA.

[43] Quadbeck-Seeger, Hans-Jürgen (2006): Im Labyrinth der Gedanken. Aphorismen und Definitionen. Books on Demand, Norderstedt.

[44] Schwantes, Marcel (2020): Bill Gates Explains What Separates Successful Leaders From Everyone Else in 2 Words. URL: https://www.inc.com/marcel-schwantes/bill-gates-explains-what-separates-successful-leaders-from-everyone-else-in-2-words.html (abgerufen am 03.08.24, 15:46 Uhr).

[45] Lee, Bruce (1971) in der Pierre Berton Show. Aufzeichnung verfügbar auf https://www.youtube.com/watch?v=uk1lzkH-e4U ab 15:48 min (abgerufen am 03.08.24, 15:54 Uhr).

[46] Coelho, Paulo (2003): Elf Minuten. Diogenes Verlag, Zürich, Schweiz.

[47] Goethe, Johann Wolfgang von (2021): Maximen und Reflexionen. Herausgegeben und kommentiert von Benedikt Jeßing. Reclam Verlag, Ditzingen. S. 8, Nr. 12.

[48] Aphorismen (o. J.): Aphorismen zum Thema Intuition. URL: https://www.aphorismen.de/zitat/213446 (abgerufen am 04.08.24, 11:18 Uhr).

[49] Hobson, Nick (2023): Warren Buffett: There Are Successful People and Really Successful People. What Separates the Two. URL: https://www.inc.com/nick-hobson/warren-buffett-there-are-successful-people-really-successful-people-what-separates-two.html#:~:text=WarrenProzent20BuffettProzent20onceProzent20saidProzent3AProzent20Prozent22The,manyProzent20leadersProzent20couldProzent20benefitProzent20from. (abgerufen am 03.08.24, 16:30 Uhr).

[50] Jobs, Steve (2004) in einem Interview mit Business Week. URL: https://www.bbc.com/news/world-us-canada-15195448 (abgerufen am 03.08.24, 16:36 Uhr).

[51] Maxwell, John C. (2007): The 21 Irrefutable Laws of Leadership: Follow Them and People Will Follow You. HarperCollins, New York City, USA.

[52] Ward, Emma (2018): Estee Lauder Quotes to inspire entrepreneurs. URL: https://www.emma-ward.com/goal-getter/estee-lauder-quotes-to-inspire-entrepreneurs (abgerufen am 03.08.24, 16:57 Uhr).

[53] Town, Phil (2022): 102 Warren Buffett Quotes on Life, Success, & More. URL: https://www.ruleoneinvesting.com/blog/how-to-invest/warren-buffett-quotes-on-investing-success/ (abgerufen am 03.08.24, 17:46 Uhr).

[54] Nguyen, Christina (2015): Rules of the Trade. URL: https://quotatium.com/blogs/news/25124545-rules-of-the-trade (abgerufen am 03.08.24, 17:51 Uhr).

[55] Buffett, Warren (2023): Berkshire Hathaway Letters to Shareholders. Explorist Productions, Saint Austell, UK.

[56] Pilarski, Mark (2007): The smarter you play, the luckier you'll be. URL: https://www.casinocitytimes.com/mark-pilarski/article/the-smarter-you-play-the-luckier-youll-be-34547 (abgerufen am 03.08.24, 18:15 Uhr).

[57] Jasmi, Mohd Azad (2023): Move Along, Do Not Stop And Throw Stones At Every Barking Dog. URL: https://threehundredth.com/move-along-do-

not-stop-and-throw-stones-at-every-barking-dog/ (abgerufen am 03.08.24, 18:20 Uhr).

[58] The Life and Legacy of Ross Perot (2024): Entrepreneur Extraordinaire. URL: https://www.rossperot.com/life-story/entrepreneur-extraordinaire#:~:text=Prozent22BusinessProzent20isProzent20notProzent20justProzent20doing,PerotProzent20said. (abgerufen am 03.08.24, 18:23 Uhr).

[59] Voltaire (1770): Questions sur l'Encyclopédie. Cramer, Genf, Schweiz.

[60] Wehrle, Martin (2011): Das Zitat... und Ihr Gewinn. URL: https://www.zeit.de/2011/12/C-Perfektionismus (abgerufen am 03.08.24, 18:31 Uhr).

[61] Nast, Michael (2016): Generation Beziehungsunfähig: Der Nr.1 SPIEGEL-Bestseller. Edel Books, Hamburg.

[62] Stallings, Jim (2012): Second thoughts. URL: https://www.nwaonline.com/news/2012/may/01/second-thoughts-20120501/ (abgerufen am 03.08.24, 18:39 Uhr).

[63] Change Intelligence (o. J.): What Can Winston Churchill Teach Us about Leading Change? URL: https://changecatalysts.com/what-can-winston-churchill-teach-us-about-leading-change/ (abgerufen am 04.08.24, 7:55 Uhr).

[64] Riesenhuber, Maximilian (2006): Die Fehlentscheidung. Ursache und Eskalation. In: Becker, Wolfgang / Weber, Jürgen: Unternehmensführung & Controlling. Gabler Edition Wissenschaft. Deutscher Universitäts-Verlag, Wiesbaden. S. 70 ff.

[65] Another World is Probable (2012): Looking Back. URL: https://www.anotherworldisprobable.com/2012/05/28/looking-back/ (abgerufen am 04.08.24, 8:04 Uhr).

[66] Naisbitt, John (1988): Re-Inventing the Corporation. Random House Value Publishing, New York City, USA.

[67] Business Fitness (2022): »Wonder what your customer really wants? Ask. Don't tell.« – Lisa Stone. URL: https://businessfitness.biz/ask-customers-what-they-want-dont-tell/#:~:text=customerProzent20reallyProzent20wantsProzent3F-,Ask.,tProzent20tell.ProzentE2Prozent80Prozent9DProzent20ProzentE2Prozent80Prozent93Prozent20LisaProzent20Stone (abgerufen am 04.08.24, 8:13 Uhr).

[68] Achenbach, Gerd B. (2024): Eine Philosophie der Menschenkenner. Zu den »französischen Moralisten«. URL: https://www.achenbach-pp.de/detail/F07_12_14.asp?bURL=_script/dbDetail.asp (abgerufen am 04.08.24, 8:22 Uhr).

[69] Brown, Eric (2020): 21 Naval Ravikant Insights to Upgrade Your Mental Software. URL: https://www.highexistence.com/naval-ravikant-quotes/ (abgerufen am 04.08.24, 8:25 Uhr).

[70] Julle-Daniere, Eglantine (2020): Don't Forget the Context. URL: https://www.psychologytoday.com/gb/blog/talking-emotion/202009/don-t-forget-the-context (abgerufen am 04.08.24, 8:30 Uhr).

[71] Der »inductivist turkey« basiert auf Beispielen in Bertrand Russells Buch »The Problems of Philosophy« (1912), zu finden im Project Gutenberg (2000). URL: https://www.gutenberg.org/files/5827/5827-h/5827-h.htm#link2HCH0006 (abgerufen am 02.08.24, 8:52 Uhr).

[72] Tyson, Neil deGrasse (2024): Im Spiegel des Kosmos. Perspektiven auf die Menschheit. Klett-Cotta, Stuttgart.

[73] Coelho, Paulo (2012) gepostet auf X, ehemals Twitter. URL: https://x.com/paulocoelho/status/209008454948495360 (abgerufen am 04.08.24, 8:50 Uhr).

[74] Isha Foundation (2020): Sadhgurus Non-Profit-Organisation, gepostet auf Instagram. URL: https://www.instagram.com/p/Clc1r62HnM9/ (abgerufen am 04.08.24, 8:55 Uhr).

[75] lateinisch.net (o. J.): Berühmte lateinische Zitate und Sprüche von Seneca. URL: https://lateinisch.net/zitate/seneca/ (abgerufen am 04.08.24, 9:01 Uhr).

[76] Bennett, Roy T. (2021): The Light in the Heart. Inspiritional Thoughts for living your best life. Roy Bennett.

[77] Elevate Society (o. J.): The way to achieve your own success is to be willing to help somebody else get it first. URL: https://elevatesociety.com/the-way-to-achieve-your/ (abgerufen am 04.08.24, 9:20 Uhr).

[78] Jobs, Steve (2011): Steve Jobs: His Own Words and Wisdom. Silicon Valley Press, Cupertino, USA.

[79] Blanchard, Ken (2022): »No one of us is as smart as all of us.« URL: https://www.kenblanchardbooks.com/no-one-of-us-is-as-smart-as-all-of-us/ (abgerufen am 04.08.24, 9:35 Uhr).

[80] Poehler, Amy (2015): The Art of Inside Out. Vorwort. Chronicle Books, San Francisco, USA.

[81] Goethe, Johann Wolfgang von (1792): Der Versuch als Vermittler von Objekt und Subjekt. In: J. W. Goethe (1949): Gedenkausgabe der Werke, Briefe und Gespräche, Bd. 16, S. 844–855. Artemis Verlag, Zürich.

[82] Foelber, Daniel (2022): Warren Buffett's Secret to Getting Rich Is Simpler Than You Think. URL: https://www.fool.com/investing/2022/04/04/warren-buffett-secret-to-getting-rich-is-simpler/ (abgerufen am 04.08.24, 10:11 Uhr).

[83] Ravikant, Naval (2017): The Knowledge Project. The Farnam Street Learning Community. Farnam Street Media Inc Ottawa, Kanada. S. 38.

[84] Coelho, Paulo (2005): The Zahir. HarperCollins, New York City, USA. S. 105.

[85] Jorgenson, Eric (2022): The Almanack Of Naval Ravikant. Liberty Publishing, New York City, USA.

[86] Stolworthy, Jacob / Loughrey, Clarisse (2023): Madonna: 20 of the best quotes from the Queen of Pop. URL: https://www.independent.co.uk/arts-entertainment/music/features/madonna-best-quotes-sex-fashion-celebrity-b2366340.html (abgerufen am 04.08.24, 10:31 Uhr).

[87] Devnath, Aparupa (o. J.): 9 Life Lessons From Sadhguru That Are Inspiring Beyond Words. URL: https://timesofindia.indiatimes.com/life-style/relationships/web-stories/9-life-lessons-from-sadhguru-that-are-inspiring-beyond-words/photostory/105424920.cms (abgerufen am 04.08.24, 10:38 Uhr).

[88] Zitat (o. J.): Für jede Gelegenheit gibt es ein Sprichwort. URL: http://zitat.unbenannt.com/?s=3&ss=20 (abgerufen am 04.08.24, 10:42 Uhr).

[89] The Behaviour University (2024): People are good at intuition, living our lives. What are computers good at? Memory. URL: https://quotes.behaviour-university.com/quote/1683582/ (abgerufen am 04.08.24, 10:47 Uhr).